Lutz Kunhardt
Barby 108km
Mit dem E-Bike auf dem Saaleradweg.

Barby 108km

Mit dem E-Bike auf dem Saaleradweg.

Lutz Kunhardt

Inhaltsverzeichnis

Vorwort

Für wen ist dieses Buch?
- Dieses Buch ist für alle, die der Radweg entlang der Saale interessiert.
- Weil sie möglicherweise planen, diesen zu fahren und nicht wissen, ob man an der Quelle anfangen soll oder doch lieber erst in Saalfeld. Von solchen Leuten haben wir einige getroffen.
- Oder weil sie ihn schon gefahren sind und sie es interessiert, was andere so erlebt haben.
- Oder weil sie sich erst E-Bikes gekauft haben und wissen wollen, was man damit anstellen kann und was gegebenenfalls zu beachten ist.
- Oder weil sie an der Saale Unterkünfte anbieten und es sie interessiert, worauf Gäste so achten, was gut ist und was stört.
- Oder, oder, oder ....

Vor allem jedoch ist es ein Buch für uns selbst. Hier können wir in ein paar Jahren nochmal das eine oder andere nachlesen. Wir können es in einer gemütlichen Runde mit Freunden herumgehen lassen. Und vielleicht schauen irgendwann einmal unsere Nachfahren rein und können nachvollziehen, was 'die Alten' so erlebt haben.

Warum schreibe gerade ich ein Buch über eine E-Bike-Tour entlang der Saale?
Gegenfrage: Warum nicht? Im Ernst, die Idee kam mir in der Bibliothek. Als ich so durch die Regale schleiche, fällt mein Blick auf einen Buchrücken. "Schreiben auf Reisen" steht darauf. Es ist nicht groß, nicht dick. Eine Idee macht sich in mir breit. Wir stehen kurz vor dem Start unserer Saaleradtour. Warum wieder Fotos über Fotos, warum nicht das Ganze mal in Worte fassen? Bis zum Start unserer Tour habe ich noch etwas Zeit. Ich nehme das Buch mit, lese es in drei Tagen und ziehe das für mich Interessante heraus.

Was für Erfahrungen bringen wir mit? Und wer ist eigentlich 'wir'?
Wir, das sind meine Frau Ute und ich, Lutz, seit 43 Jahren zusammen, wohnhaft in Chemnitz. Es ist nicht unsere erste Radtour. Unsere Erfahrungen mit Radtouren konnten wir unter anderem an der Elbe, den Mulden (Zwickauer und Freiberger), Neckar und Unstrut sammeln. Die Unstrut mündet bei Naumburg in die Saale, wir werden uns also wieder treffen. Teilweise waren wir mit einem befreundeten Paar unterwegs. Diesmal jedoch fahren wir wieder zu zweit und mit E-Bikes. Alles bisher

war mit dem Bio-Bike. Dieser Begriff stammt nicht von mir, allerdings finde ich ihn treffend.

Namensrechte und Produktplatzierungen?

Dieses Buch enthält Namen von Firmen und Produkten, die ggf. urheberrechtlich geschützt sind. Diese werden von mir zum Zwecke einer nicht allzu schwammigen Beschreibung der Dinge, Orte, Programme etc. genannt. Die entsprechenden Marken- und Namensrechte gehören selbstverständlich den jeweiligen Inhabern.

Bezahlte Werbung findet ihr in diesem Buch nicht. Alle erwähnten Dienste, Dienstleistungen und Dinge nutze ich, weil es Stand der Technik ist, ich mit ihnen gute Erfahrungen gemacht habe oder es sich einfach so ergeben hat. Keiner hat mir einen Obolus gegeben, um in diesem Buch genannt zu werden. Im Glossar des Buches werde ich ein paar der oben genannten Sachen, im Text *kursiv* geschrieben, erläutern.

Urheberrecht

Wer Rechtschreibfehler findet, darf sie gern behalten und weiter nutzen.

Auf die Texte und eigene Bilder, beanspruche ich das Urheberrecht und untersage hiermit jede Art der Vervielfältigung.

Ein genauer Bildnachweis ist im Anhang aufgelistet.

Danksagung

Mein ausdrücklicher Dank geht an meine Tochter Jenny Kunhardt für das Lektorat und Korrektorat mit vielen Hinweisen und Verbesserungen. Und sie ist nachträglich für mich nach Leuna gefahren, um das Foto für das Titelbild dieses Berichtes aufzunehmen.

Ein weiterer Dank geht an den Freelancer Noman Abid aus Pakistan für die professionelle Gestaltung des Einbandes.

Die Vorbereitung

Die Saale

Sie entspringt im Fichtelgebirge in Franken, in der Nähe der Ortschaft Zell. Sie durchfließt Bayern, Thüringen und Sachsen-Anhalt, um nach 413 km bei Barby in die Elbe zu münden. Auf ihrem Weg wird sie oft angestaut, um Trinkwasser und Strom zu gewinnen, aber auch als Hochwasserschutz, vor allem im Thüringischen Schiefergebirge.

Der Saaleradweg (D-Route 11)

Er ist Teil des Fernradweges D-Route 11 von der Ostsee nach Bayern und offiziell etwa 408 km lang. Es sind 1920 m in die Höhe zu überwinden, allerdings geht es auch 2590 m abwärts. Er wird mit Schwierigkeitsgrad Mittel eingestuft.

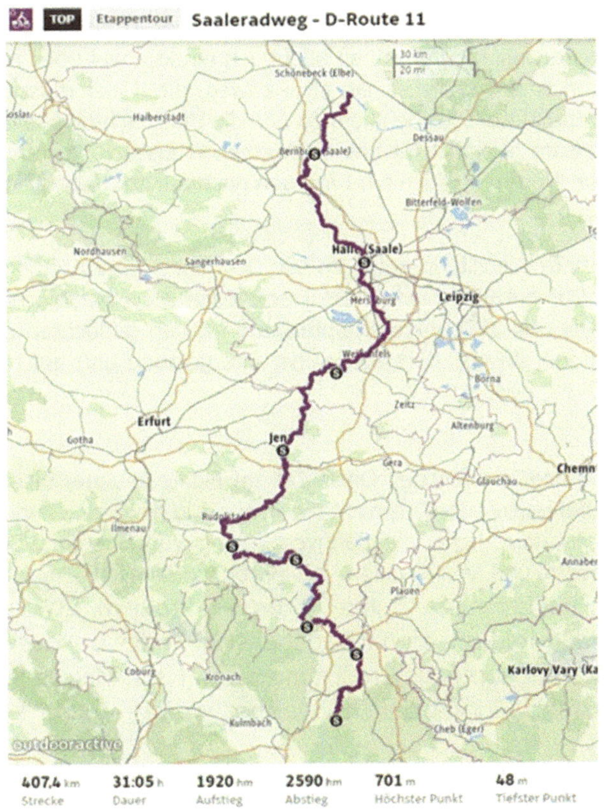

407,4 km	31:05 h	1920 hm	2590 hm	701 m	48 m
Strecke	Dauer	Aufstieg	Abstieg	Höchster Punkt	Tiefster Punkt

Die Vorbereitungen

Diese beginnen kurz nach der *Stornierung unseres Jahresurlaubs auf Grund der geopolitischen Lage[1]*. Statt zwei Wochen All Inclusive auf einem Kreuzfahrtschiff treten wir eben in die Pedale. Eigentlich stand der Oder-Neiße-Radweg als nächstes auf dem Programm. Den haben wir schon einmal gecancelt. Doch wenn wir die 600 km an die Ostsee fahren, dann wollen wir auch ein paar Tage dort verbringen. Dazu reicht jetzt die Zeit nicht. Dann also der Saaleradweg. Von einem Kegelbruder weiß ich, dass da einiges an Höhenmetern zusammenkommt. Mit E-Bikes trauen wir uns jetzt zu, diesen zu meistern

Den Reisebeginn planen wir am 29.04.2024, einem Montag. Am Sonntag davor haben wir noch 'Enkeldienst'.

Die Übernachtungen

Auf der offiziellen Website des Saaleradweges, www.saaleradweg.de, die vom Saaleradweg e.V. betreut wird, werden neun Etappen vorgeschlagen. Ich nehme sie als Vorlage und suche an den Etappenzielen über *Google Maps[1]* Übernachtungsmöglichkeiten. Einige Pensionen buche ich direkt, zwei über *Booking.com[1]*. Meine Prämissen sind: möglichst nah am Radweg, die Räder müssen sicher und verschlossen untergestellt werden können und die Übernachtung sollte nicht mehr als einhundert Euro je Nacht für uns beide, inkl. Frühstück, kosten. Nach vielen Telefonaten und "rufen Sie doch bitte morgen nochmal an" habe ich in drei Tagen alles gebucht.

Die oben genannte Website bietet auch den Download der einzelnen Etappen als GPS-Track an. Das nutze ich, lade diese Tracks nach *outdooractiv.com [1]* hoch und ändere die Start- und Zielpunkte entsprechend meinen gebuchten Übernachtungen. Dann werden sie von dort wieder heruntergeladen und auf meinem Navi, einem *Teasi One [1]*, gespeichert.

Die Anreise

Die Saalequelle liegt unweit des Ortes Zell im Fichtelgebirge, also Bayern. Die Saale mündet bei Barby (der Ort, nicht die Puppe!) in die Elbe. Dementsprechend brauchen wir Fahrkarten für die Bahnverbindung von Chemnitz/Sachsen nach Münchberg/Bayern und von Gnadau, bei Barby in Sachsen-Anhalt nach Chemnitz/Sachsen. Mit unseren *49€-Tickets[1]* ist das kein Problem. Etwas schwer tue ich mich mit den Rädern, die nicht dabei sind. Jedes Bundesland hat andere, separate Angebote als Ergänzung dazu. Nach vielem Suchen finde ich das Tagesfahrradticket der DB, welches im Nahverkehr im gesamten

---

[1] *kursiv:* siehe Glossar

Bundesgebiet für einen Tag gilt. Kostenpunkt 6,50€ pro Rad. Ok, 26€ für Hin- und Rückfahrt, das ist akzeptabel.

Interessant wurde es ein paar Tage vor dem Start, als ich nochmal die Verbindung checke. Auf unserer Strecke werden bei Zwickau vorsorglich die Schwellen getauscht. Der Grund sind die Auswertungen des Zugunglücks in Garmisch 2022, bei dem als Ursache ein 'strukturelles Versagen der Spannbetonschwellen' ermittelt wurde. Sicherheit geht vor, nur die zwei Wochen hätten sie auch noch warten können. Was solls, dann fahren wir eben über Gera, denn auf einen Schieneneresatzverkehrsbus (SEV) möchte ich mich mit zwei Rädern und Gepäck nicht einlassen.

Was muss alles mit?
Nur das Notwendigste, wie immer. Haha. Für mein Rad haben wir ein Taschenset, bestehend aus zwei Seitentaschen, die über den Gepäckträger gelegt werden und darüber noch eine große Tasche, eigentlich schon ein kleiner Koffer mit einem Gummiband obendrauf. Für Ute kaufen wir noch ein paar größere Taschen, die am Gepäckträger an der Seite eingehängt werden. Die Gepäckträger sind dafür direkt ausgerüstet. Das passt.

Zu beachten ist immer das Gesamtgewicht, welches für das Rad und speziell für den Gepäckträger angegeben ist. Bei unseren Rädern ist das 150 kg Gesamtgewicht, der Gepäckträger kann mit 25 kg beladen werden. Wobei das Rad schon mal mit 27 kg, inkl. Akku, auf die Waage drückt. Dann muss zumindest ein Ladegerät, Werkzeug, Ersatzschlauch, ein Erste-Hilfe-Set und Regenschutz mit. Welche Fahrradbekleidung für Anfang Mai? Alles! Kurz für warme Tage und lange, wenn es kühler wird. Dann wollen wir uns nach der Tour auch mal noch etwas ansehen und abends essen gehen. Also auch noch zivil! Was fehlt noch! Logisch: Zahnbürste, Rasierzeug etc.! Ja, und dann ist ja da noch die Catering-Chefin: eine kleine Kühltasche für etwas Obst und Schnittchen, Wasser, ein Bierchen (ach, ich liebe sie), Kekse und für den Abend noch was zu knabbern. Was soll ich sagen? Die Räder haben gehalten! Mein Bio-Bike hat bei solchen Aktionen schon mal die eine oder andere Speiche eingebüßt.

Die letzten Tage vor der Abfahrt nutze ich noch, um die Akkus zu laden und die neuesten Firmware-Updates zu installieren. Am Sonntagabend werden die Taschen gepackt. Alles fertig? Ja, vielleicht.

Tag 1: Chemnitz ➻ Quelle ➻ Hof

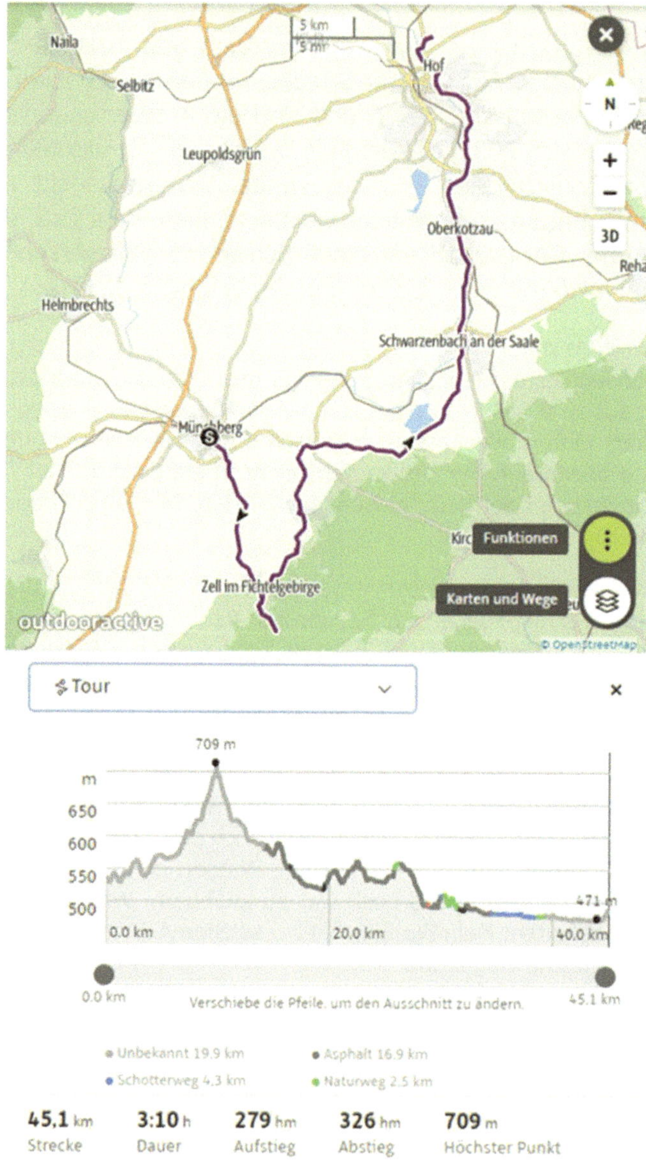

7.44 Uhr fährt unser Zug ab Chemnitz-Grüna. Dementsprechend stehen wir gegen sechs Uhr auf. Nach dem Frühstück werden die letzten Sachen eingepackt, die Räder geweckt und beladen. Die Zeit vergeht, ohne hektisch werden zu müssen. Halb acht schließen wir die Tür zu und überlegen nochmal: Was haben wir vergessen? Nichts! Die Entscheidung steht, es geht los! Einen Kilometer bis zum Bahnhof.

Und schon ist das erste Problem da: Bei Ute funktioniert das Display nicht. Sie kann keine Unterstützung aktivieren und schiebt den ersten Anstieg. Wir fahren erstmal zum Bahnhof. Dort schaue ich mir die Sache an. Das Display funktioniert. Es zeigt nur keinen Akku an! Ich bin mir sicher, dass nach dem Laden dort 100% Akku stand. Display aus und wieder an! Nichts! Ich werde nervös, der Zug kommt gleich, aber ohne Unterstützung brauchen wir gar nicht los! Letzte Chance: Schlüssel zum Lösen des Akkus suchen, Akku raus und neu einsetzen. Endlich meldet das Display wieder einhundert Prozent Akku. Kurzer Test, es funktioniert.

Der Zug kommt und hält mit dem Fahrradabteil genau vor uns. Ich atme nochmal tief durch. Das geht gut los, hoffentlich war es das an Problemen!

Auf dem Weg nach Glauchau versuche ich herauszufinden, warum der Akku nicht angezeigt wurde. Offensichtlich ist das Update der Diplaysoftware schief gegangen. Weil ich während des Updates den Akkuladestecker gezogen habe? Eine andere Erklärung finde ich nicht.

Der Umstieg in Glauchau ist eigentlich einfach. Auf der einen Seite des Bahnsteigs aussteigen, auf die andere Seite gehen und dort steht bereits der Zug in Richtung Göttingen, mit dem wir bis Gera-Süd fahren möchten. Das Einsteigen wird jedoch beschwerlich, da die Tür nicht auf einer Ebene mit dem Bahnsteig ist. Ich quäle mich, die Räder mit Gepäck in den Zug zu heben. So ein Blödsinn, es wäre genug Zeit gewesen, das Gepäck abzunehmen. Warum einfach, wenn's auch kompliziert geht?

Ute setzt sich ins Abteil, ich bleibe bei den Rädern. Ein weiterer Reisender stellt sein Rad auf die andere Seite, sichert es mit dem Gurt und setzt sich in das Abteil. Der Zug fährt pünktlich ab.

Bei Meerane kommt die Zugbegleiterin zur Kontrolle der Tickets. 49€-Ticket ist OK. Ich frage, ob sie nicht auch die Fahrradtickets sehen möchte. "In Thüringen und Sachsen-Anhalt ist die Radmitnahme immer kostenfrei, da brauchen Sie kein Extraticket für das Rad." sagt sie und überlegt nochmal. "Wir sind ja aber erst in Meerane. Und das ist noch Sachsen. Da brauchen Sie ein Radticket!" Sehen will sie es aber nicht. Auf ihre Frage, wo wir hinwollen, erzähle ich ihr, dass Münchberg in Bayern unser Zielbahnhof ist. "In Bayern brauchen Sie wieder ein Ticket für das Rad!" Okay!?!? Der Eigentümer des anderen Rades ist mittlerweile auch aus dem Abteil gekommen und hält ihr zwei Papiertickets hin, die sie entwertet. Dann geht sie ihre Runde weiter.

In Gößnitz warten wir ca. 10 min auf den Zug aus Leipzig. Ja, warum nicht? Wir haben in Gera immerhin sieben Minuten Zeit zum Umsteigen in den Zug nach Hof. Und der Nächste fährt dann bereits zwei Stunden später! Nein, ich werde nicht nervös. Nein! Zumal der Zug nach Hof auf demselben Bahnsteig abfährt, auf dem wir ankommen. Also kann es eigentlich auch keine Hektik beim Umsteigen geben.

Der andere Radbesitzer blieb stehen und wir kommen ins Gespräch. Immer diese Verspätungen! Deswegen kann er mit seinen Kunden nur Termine unter Vorbehalt machen. Und das 49€-Ticket kommt für ihn nicht in Frage, weil "die zu viel wissen wollen". Es könne nicht angehen, dass die Bahn für dieses Ticket den kompletten Namen, Adresse, Geburtsdatum und Bankverbindung haben will. Ich ergänze, sie wollen auch den Kontozugang inkl. Passwort und Einwilligung, dass der Dienstleister die Kontobewegungen des letzten Jahres auslesen darf. Zumindest, wenn man dieses Ticket bei der DB kauft. Das hatte er noch gar nicht mitbekommen. Wir kaufen unsere Tickets über Transdev, die zumindest auf die Kontrolle des Kontozugangs verzichten. Denen genügt eine Einzugsermächtigung.

Er erzählt, er sei IT-Freelancer mit Kunden in ganz Deutschland. Und die Reiserei mit der Bahn wird langsam ganz schön teuer. Warum er dann mit der Bahn fährt, will ich wissen: er musste die Papiere abgeben, zu wenig Blut im Alkohol! Aber wenn er den Führerschein wieder hat, fährt er nie wieder mit der Bahn! In Schmölln steigt er aus.

Die Zugbegleiterin kommt vorbei. Ich frage nach der Verspätung. Sie guckt mich an und holt ihr Handy raus. "Im Moment haben wir noch sieben Minuten Verspätung. Ich habe schon durchgegeben, dass wir in Gera Umsteiger nach Hof haben. Da müssen sie eben etwas warten. Und außerdem haben wir einen guten Lokführer, der holt noch was raus." Lächelt und geht weiter.

Der Umstieg in Gera-Süd funktioniert. Der Anschluss kommt wirklich ein paar Minuten später. Nur der Zug teilt sich beim nächsten Halt. Ein Teil fährt nach Saalfeld und der andere nach Hof. Wir finden den richtigen Teil und schieben unsere Räder rein. Es stehen schon zwei Räder drin. Utes Rad passt noch daneben, meins bleibt im Türbereich. Eigentlich sollten hier sechs Räder reinpassen!? Kinderräder? Und die anderen beiden haben kein Gepäck. Selbst als ich an Utes Rad eine Tasche abhänge, wird nicht viel mehr Platz.

Die Zugbegleiterin moniert bei der Fahrscheinkontrolle Utes Screenshot, akzeptiert ihn aber. Auch der Stellplatz meines Rades wird nicht bemängelt.

Nach der Trennung des Zuges, möchte ich von ihr wissen, ob im vorderen Wagen mehr Platz für die Räder wäre. Damit habe ich sie offenbar genervt. Nein, ist nicht! Und mein Rad muss auch von der Tür weg. Als sie merkt, dass das nicht funktioniert, zieht sie sich in den hinteren Führerstand zurück und wird bis Hof nicht mehr gesehen.

Vor Mehltheuer kommen die beiden Studenten, um ihre Räder zum Ausstieg fertig zu machen. Sie wollen die Elster bis Gera fahren und dann von dort noch nach Jena. Das sind circa einhundertzwanzig Kilometer und eintausend Höhenmeter. Viel Spaß dabei!

Die beiden Räder sind weg. Nun können unsere Räder ordentlich hingestellt und gesichert werden. Und ich kann mich die letzten 20 Minuten auch mal setzen, bis jetzt stand ich nur.

Der Zug endet in Hof und wir haben genug Zeit zum Umsteigen. Diesmal müssen wir jedoch den Bahnsteig wechseln. Na super, der Fahrstuhl vom Bahnsteig in den Tunnel wird gerade repariert. Also mit den Rädern die Treppe runter. Am anderen Bahnsteig funktioniert der Fahrstuhl. Und der Zug steht auch schon bereit.

Die kurze Fahrt nach Münchberg verläuft ruhig. Genug Platz für die Räder, kaum andere Passagiere, keine Kontrolle. Einfach entspannend.

Münchberg. Hier ist die Zeit auch etwas stehen geblieben. Fahrstühle existieren nicht. Also Treppen runter und hoch, eine kleine Sporteinlage. Aber was soll's, wir müssen zu keinem Zug mehr, haben reichlich Zeit und sind weit und breit allein. Wir sichern das Gepäck wieder, ich klicke das Navi ein und starte es. Wieso zeigt es nur noch 80% Akku an? Egal, ich habe eine Powerbank für solche Dinge dabei.

Und los geht es. Vom Bahnhof biegen wir nach rechts ab. Eine Einbahnstraße in die verkehrte Richtung, weil das Navi es wollte! Die Straße verläuft unter der Bahnstrecke hindurch und schon bergauf.

Die erste Station ist ein Edeka, um noch Brötchen zu kaufen. Und Piccolöchen! Diese kleinen 0,2l Sektflaschen sind gerade im Angebot. Da ich bei den Rädern bleibe, ist etwas Zeit, um mich umzusehen. Im Eingangsbereich steht ein Schild. Es wird eine Verkäuferin für dreizehn Euro pro Stunde und eine Bereichsleiterin mit einem Einstiegsgehalt von 2200 Euro gesucht. Wenn von bayerischen Gehältern die Rede ist, dann stellt man sich sicher etwas anderes vor. Doch wie war das? Die Zeit scheint hier etwas stehen zu bleiben!

Aber nun geht es wirklich los. Das Navi führt uns um einen Kreisverkehr, auf einen Radweg und durch ein neues Wohngebiet in den Wald. Die Strecke verläuft dann über Nebenstraßen in Richtung Berge, Hügel hoch und wieder etwas bergab, zwei vor eins zurück. In Zell muss zum ersten Mal der Turbo-Modus, die maximale Unterstützung des Motors, helfen, denn es geht auf Kopfsteinpflaster steil bergauf. An der nächsten Kreuzung schickt uns das Navi nach links in Richtung Hof. Die Beschilderung sagt: zur Saalequelle nach rechts. Ich verzeihe dem Navi, es wollte uns den kurzen Weg zeigen. Es kann nicht wissen, dass wir den Umweg zur Quelle wirklich wollen. Wir folgen der Ausschilderung noch ein Stück Straße, dann nach links auf einen Feldweg. Die letzten Vierhundert Meter führen durch den Wald, immer schön bergauf.

Die Quelle ist schön eingefasst und das Wasser fließt als Bach, in einer Rinne geführt, über das Plateau, um dann als Wasserfall ein paar Meter in die Tiefe zu stürzen und seinen Weg in Richtung Barby aufzunehmen. Wir sehen uns um und nehmen in einem Holzpavillon Platz. Die Catering-Chefin tischt Brötchen, Knacker und Bier auf. Während wir es uns schmecken lassen, können wir in Ruhe lesen, wer alles schon hier war. Es gibt jede Menge Inschriften und wir grüßen Alle unbekannterweise zurück. Ein paar Radfahrer kommen, machen Fotos und fahren wieder. Einige haben auch Taschen dran, vielleicht sehen wir sie ja nochmal auf der Tour.

Nach der Stärkung geht es durch den Wald zurück, nunmehr bergab. Allerdings ist bremsen angesagt, es ist ein richtiger Waldweg mit Wurzeln und Steinen. Noch ein Stück Feldweg, dann sind wir auf der Straße. In Zell kommen wir an der Kreuzung vorbei, an der uns das Navi schon in Richtung Hof schicken wollte. Jetzt bekommt es seinen Willen. Es geht weiter über kaum befahrene Straßen und alten Bahntrassen. Teilweise führt der Weg auch sehr nah an der Saale entlang, die recht schnell von einem kleinen Bächlein zu einem Flüsschen wird. Das Wetter meint es gut mit uns, allerdings wird es so langsam warm in den langen Radlerhosen.

Wir passieren die Förmitztalsperre. Hier gibt es sogar einen Yachthafen für Segler. Am Ende des Sees heißt es rechts abbiegen. Direkt an der Kreuzung wirbt eine Gaststätte mit einem Biergarten. Warum tropft mir plötzlich der Zahn? Nein, wir wollen erstmal etwas Strecke machen! Das Navi zeigt mir den Weg, er führt leicht bergauf, allerdings in einem Bogen wieder zurück. Das gefällt mir nicht. Ich halte an, um etwas herauszuzoomen. Und tatsächlich: direkt nach der Gaststätte führt der Weg nach links, ich bin jedoch geradeaus gefahren. Und nun führt uns das Navi in einem weiten Bogen wieder zur Talsperre zurück. Das geht auch einfacher, wir wenden und fahren ein Stück zurück. Wollen wir nicht doch ein Bier trinken? So sehr die Werbung lockt, die Entscheidung wird uns abgenommen, Montag ist Ruhetag. Danke.

Weiter geht es. Der Weg wird etwas hügelig, Feldwege und Straßen wechseln sich ab. Ab und an hilft der Eco-Modus, der erste von drei Unterstützungsmodi, beim Vorwärtskommen. Die Saale ist meist in Sichtweite, wir kommen gut voran.

In Fattigau führt die Strecke direkt am Braukeller vorbei. Wenn das kein Zeichen ist! Um das Gebäude herum ist nicht nur der Weg zur Brauerei, es gibt auch einen Biergarten. Alle Tische sind frei, nur eine Tür steht offen. Ein junger Mann kommt heraus. Ich frage nach zwei Bier, wir wollen nichts essen, nur unsere Kehlen benetzen. Eigentlich haben sie noch geschlossen. Er telefoniert freundlicherweise mit seinem Chef und bringt uns das Gewünschte. Auf die Frage, was er dafür bekommt, gibt es erstmal ein Schulterzucken. "Ich bin hier der Koch. Da muss ich erstmal die Karte sehen!" Das ist Franken! Wenn man hier ein Bier möchte, bekommt man das auch.

Bevor wir weiterfahren, muss das Navi an den Tropf, sprich die Powerbank muss helfen, damit wir bis ins Ziel kommen.

Auf Radwegen geht es weiter durch Oberkotzau. Es folgt ein Auenwald bis an die Stadtgrenze von Hof. Auch hier geht es über Radwege durch die Stadt, meist direkt an der Saale entlang. Als wir an einem weitläufigen Biergarten vorbeikommen, sind wir uns schnell einig, das wäre eine Option für das Abendessen.

Die Ferienwohnung finden wir in einer nicht ganz neuen Wohnsiedlung. Sie ist gut eingerichtet, eine kleine Küchenzeile, ein Bad mit Dusche und eine Terrasse. Die Räder können sicher in einer Garage abgestellt und dort auch geladen werden.

Bevor wir die Radlersachen ausziehen, fahren wir noch fix zum Marktkauf. Großkotzig parken wir unsere Fahrzeuge in der Tiefgarage. Woher sollen wir wissen, dass der Weg zum Haupteingang quasi durch die Tankstelle führt! Was soll es! Wir decken uns mit Brötchen und Käse für das Frühstück ein, dazu noch etwas zum Knabbern und Bier. Zum Bier gab es noch zwei Flaschen Tucher-Bier gratis als Probe zur Markteinführung neuer Produkte dieser Nürnberger Brauerei. Mal sehen, wie das schmeckt. Weg gekippt ist die Brühe schnell.

Wieder in der Ferienwohnung heißt es endlich duschen und auf der überdachten Terrasse ein Bier, Füße hoch. Die Räder werden in der Garage geladen, da kann morgen nichts schief gehen.

Wir machen uns schick und fahren, dem 49€-Ticket sei Dank, mit dem Bus zum bereits im Vorbeifahren bemerkten Biergarten. Dieser wurde uns auch von der Wirtin direkt empfohlen. In 'Meinels Bas' ist Selbstbedienung. Die Getränke holt man selbst und bestellt dabei auch die Speisen, die allerdings gebracht werden. In dem großen Areal sind die 6er-Tische großzügig verteilt. Wir setzen uns, mit seinem Einverständnis, zu einem älteren Herrn, um nicht zu sagen zu einem alten Mann. Auf dem Stuhl an der Stirnseite steht eine Damentasche. Und schon erscheint die entsprechende Dame dazu. Ich bemerke: "Da kommt ja auch schon die Gattin". Darauf sie unmissverständlich: "Ich bin die Tochter!!". Ich versuche nett zu sein. "Ihrem Vater hätte ich durchaus eine so junge Frau zugetraut." Er lächelt, sie hält den Kopf schief: "Naja!!". Okay, keine Konversation!

Ich hole zwei Zwickelbier im Steinkrug und bestelle das Essen. Für Ute Putenschnitzel, für mich Fleischkäse, jeweils mit Bratkartoffeln. Das Bier ist echt lecker. Beim Essen lässt sich streiten. Die Speisen auf dem Teller sind entweder lieblos hingeschmissen oder sehr künstlerisch arrangiert. Als Gutmensch tendiere ich zum Zweiten, zumal der Alte seine Schäufele auf einem Teller in Form einer Schaufel bekommt. Die Bratkartoffeln sind in einer Ragout-Fin-Schale und darum herum, der Fleischkäse darüber geworfen und die Eier daneben. Bei Ute sieht es ähnlich aus. Ihr schmeckt es nicht, Massenabfertigung. Ich habe Hunger. Aber das Bier ist wirklich gut, auch das zweite.

Da ab sieben kein Bus mehr fährt, laufen wir zurück, so weit ist es nicht. Den Abend lassen wir auf der Terrasse ausklingen.

Tag 2: Hof ➳ Blankenstein/Harra

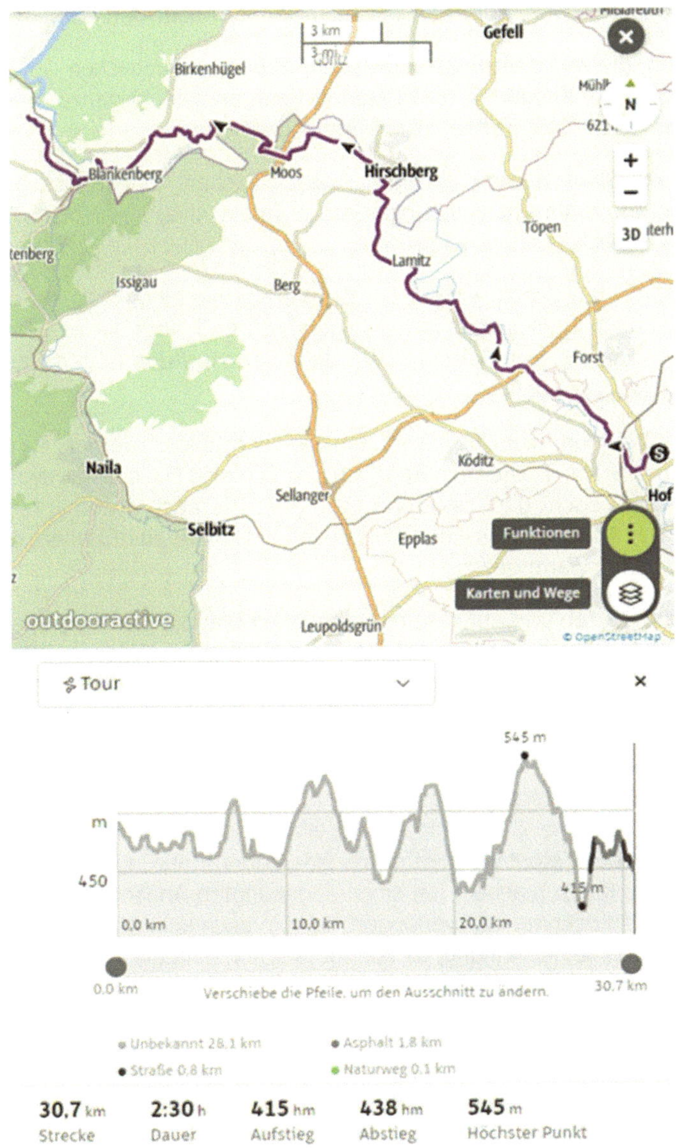

30,7 km	2:30 h	415 hm	438 hm	545 m
Strecke	Dauer	Aufstieg	Abstieg	Höchster Punkt

Nach einer ruhigen, entspannten Nacht frühstücken wir auf der Trasse. Die Temperaturen sind erträglich. Es ist noch nicht warm, aber auch nicht unerträglich frisch. Da wir heute nur etwa dreißig Kilometer vor uns haben, lassen wir den Tag entspannt angehen. Im Radio läuft der Heimatsender über den Webstream.

Die Brötchen, die wir gestern gekauft haben, müssen aufgebacken werden, sonst sind sie der reinste Kaugummi. Die Cateringchefin hat wieder ganze Arbeit geleistet. Auf dem Tisch steht Kaffee, Wurst und sogar Nudossi.

Nach dem Frühstück packen wir unsere sieben Sachen. Ute bringt die Küche in Ordnung, ich hole die Räder aus der Garage (mein Akku steht bei 98%?!) und verlade das Gepäck.

Unsere Wirtin, Frau Scholl, erzählt bei der Verabschiedung, dass sie selbst den Saaleradweg nach Blankenstein noch nie gefahren sind, aber dieses Jahr noch die Vierhundert Kilometer von Salzburg über die Alpen zur Adria fahren wollen, auch mit dem E Bike. Viel Spaß.

Unser erster Weg führt zum Marktkauf, um das Leergut loszuwerden. An der Kasse steht noch das Gratis-Tucher. Ich frage, ob ich noch eine Flasche mitnehmen kann. "Aber nur eine!" zischt die Kassiererin. Also geht Ute auch nochmal rein. So viel Zeit haben wir. Auch, um das lange Shirt gegen ein kurzes zu tauschen, es ist doch schon ganz schön warm geworden.

Nun das Navi starten und auf geht es zur zweiten Etappe. Der Weg führt entlang der Saale auf teils Asphaltstraßen und teils auf befestigten Wegen mit vielen Saalequerungen. Nach der Durchfahrt unter der A72 kommt ein wunderschönes Stück direkt am Fluss entlang, so könnte es bis Barby weitergehen.

Doch schon muss der erste Hügel überwunden werden, was dank Motorunterstützung kein Problem darstellt. Es geht hoch zum Saalenstein und dann wieder abwärts zur Fattigsmühle. Die Mühle scheint allerdings mehr ein Museum mit Gaststätte zu sein. Der Fotostopp wird durch eine Lehrvorführung zum Thema "Was kann man alles falsch machen, um einen angehängten Anhänger nicht rückwärts in die Einfahrt zu bekommen." verlängert. Ich bin auch kein Anhängerfahrer, aber er hat sowas von keiner Ahnung, da kommt ja schon ein gewisses Fremdschämen auf! Und wir können nicht vorbei!

Irgendwann ist der Weg frei und wir können weiter. Der nächste lange Anstieg kommt, wird bewältigt und wir werden mit einer langen Abfahrt belohnt. Bei 30 km/h fangen die Reifen an zu singen und der Ton wird immer höher. Der Tacho kommt fast bis 60 km/h! Noch eine kurzer Zwischanstieg und die Abfahrt geht wieder runter bis an die Saale. Hier ist die Saale Grenzfluss. Wir bleiben noch in

Bayern. Es geht wieder nach oben, erst durch den Wald, dann auf der Straße weiter. Mein Dank gilt dem Akku und dem Motor.

Auf dem Gipfel legen wir eine Pause in einem kleinen Glaspalast ein. Irgendwann könnte das mal eine Bushaltestelle werden. Das Gratis-Tucher geht runter wie Öl. Es hätte nur etwas kälter sein können. Aber naja, man will ja nicht meckern, man kann es trinken. Von unserem Platz können wir das Brückenrestaurant über die Autobahn A9 bei Rudolphstein sehen. Wir sehen die Nordseite, also ehemals DDR-Seite, auf der anderen Seite stand zur Wende noch der Spruch: "Denken Sie daran, Sie fahren weiter durch Deutschland!".

Nach der Querung der A9 fahren wir durch Rudolphstein wieder bergab zur Saale. Mit dem Überfahren der Brücke in Sparnberg überqueren wir auch die Grenze von Bayern nach Thüringen. Direkt nach der Brücke ist ein Festplatz. Da stehen ein paar Buden und am Rand wurde ein riesiger Holzhaufen aufgestapelt. Die haben heute Abend bestimmt viel Spaß beim Hexenfeuer!

Nun führt der Weg etwas oberhalb der Saale entlang, bevor es in Pottiga nur mit dem Turbo bis nach oben geht. Nee du!! Es folgt eine letzte Abfahrt nach Blankenstein. Hier angekommen fahren wir zum Selbigplatz, dem Start- und Endpunkt des Rennsteigs.

Kaum stehen unsere Räder und wir sehen uns um, kommt ein Wanderer und fragt, ob wir wüssten, wo der xy-Wanderweg weitergeht. Er sei schon zwei Runden durch den Ort geirrt, findet aber den Ausgang nicht. Wir suchen gemeinsam. Laut seiner Karte muss er den Frankenweg nehmen. Super, hier ist sogar ein Wanderkreuz von verschiedenen Fernwanderwegen, und auch ein Platz mit Tafeln, auf denen die Wege beschrieben sind. Sehr schön gestaltet. Nur Wegweiser findet man nicht! Die Hinweise für Radfahrer fallen überall sofort ins Auge. Etwas abseits, an einem Laternenpfahl finden wir doch noch die Wandermarkierung zum

Frankenweg. Superschlecht gemacht! Der Mann bedankt sich für die Hilfe und wandert von dannen.

Zurück zu den Rädern. Zwei Studentinnen sind gerade angekommen. Sie steigen von ihren Rädern und klatschen sich ab. Als ich vorbei gehe, fragen sie, ob ich sie fotografieren könnte. Klar, mach ich. Sie haben gerade den Rennsteig mit ihren Rädern (BIO-Bikes!) bezwungen, entsprechend gelöst sind sie. Und die Werra, der Fluss hinter ihnen, muss auch mit auf das Foto. Sie sind erstaunt, als ich sie in das rechte Licht setze, damit ihre Gesichter nicht im Schatten sind. Aber Werra? Die ist doch auf der anderen Seite des Rennsteigs. Der Fluss hier ist die Selbig, die ein paar Meter weiter in die Saale mündet.

Wir gönnen uns eine ausgiebige Pause, es ist gerade mal um eins. Ein Bier und Brötchen, schön im Schatten von Kastanienbäumen. Beine ausstrecken und ein bisschen People Watching.

Da morgen Feiertag ist, holen wir im Diska, dem einzigen Laden weit und breit, noch etwas Verpflegung.

Das letzte Stück Weg nach Harra fordert nochmal vollen Einsatz von Rad und Fahrer. In Blankenstein geht es steil bergauf und dann auf einem extra angelegten Radweg nach Harra wie auf einer Achterbahn hoch und runter. Die Straße daneben wurde begradigt, der Radweg zum Trimm-Dich-Pfad! Wer so etwas plant, der sollte diese Strecke jeden Tag fahren müssen, ohne Akku!

Unser Quartier ist heute die Pension und Gaststätte "Zum alten Schulmeister". Fix gefunden, nur sind wir zu zeitig. Erst ab 15 Uhr ist die Rezeption besetzt, teilt uns ein weiterer Gast mit, der am Stammtisch sitzt und schon eine Weile wartet. Er hätte schon telefoniert. Also warten wir eine halbe Stunde und kommen mit ihm ins Gespräch. Er erzählt, dass er den Rennsteig gewandert sei, jeden Tag so zwanzig Kilometer und auf den ersten Kilometern hätte er sogar noch durch Schnee stapfen müssen. Die letzten Kilometer von Harra nach Blankenstein will er morgen allerdings nicht mehr latschen, zumal sein Zug in Richtung Kölner Heimat auch hier im Ort hält. OK, denke ich, dann hat er den Rennsteig also nicht geschafft. Was soll's, gute Heimreise.

Kurz vor drei kommt die Chefin. Sie öffnet uns die Tür zu einem Raum zum Abstellen der Räder. An der Wand eine saubere neue Elektroinstallation zum Laden von neun Rädern/Akkus. Ja, die E-Biker sind mittlerweile die größte Kundengruppe. Naja, hier kommen der Rennsteig und der Saaleradweg vorbei.

Wir bekommen den Zimmerschlüssel und den Hinweis, falls wir vor fünf ein Bier wollen, ihr Mann ist bestimmt schon eher da. Wollen wir nicht, 0,4 l Jever für 4,10€! Gestern in Hof haben wir für die Halbe 3,60€ bezahlt. Wir gehen aufs Zimmer, duschen und trinken unser Diska-Bier.

Frisch gemacht und im Zivil laufen wir eine Runde durch den Ort. Es geht nur bergauf und ab. Das Heimatmuseum hat gerade die Tür verschlossen, den Dorfplatz schmückt ein Brunnen mit zwei Bronzefiguren und ein Denkmal für die Gefallenen im Ersten Weltkrieg. Ansonsten schick gemachte Häuser, sanierte Wohnblöcke aus den Sechzigern und neuer. Einiges ist aber noch zu tun. Bei vielen der sanierten Häuser sieht man, dass jüngere Leute drin wohnen. Es scheint, als ob im Ort gerade ein Generationenwechsel stattfindet. Wir finden eine Anschlagtafel mit dem Hinweis auf das heute stattfindende Maibaumsetzen. Die Feuerwehr lädt ein. Der Grill soll angeheizt werden und zu trinken wird auch angeboten. Wir finden die Feuerwache. Die Vorbereitungen laufen auf Hochtouren. Doch wir haben so langsam Hunger und gehen zurück zur Pension. Das scheint auch die einzige Gaststätte im Ort zu sein.

In der Pension will ich das Ladegerät an Utes Rad anstecken. Nur sind wir nicht mehr die einzigen E-Biker. Andere Räder stehen im Weg, so dass ich den Akku zum Laden rausnehmen muss.

Der Kölner sitzt schon am Tisch und telefoniert lautstark mit seiner Frau. Wir setzen uns an einen Nachbartisch, um ihn nicht zu stören. Es reicht, wenn er uns mit seinem lauten Gespräch stört.

Weitere Gäste kommen in den Biergarten. Auch sie fahren den Saaleradweg, wir unterhalten uns über die Tische hinweg. Sie kommen aus Bernburg und fahren halt wieder heim. Zwischendurch kommt die Dorfjugend vorbei, sie holen den Maibaum vom Bauhof.

Das Essen ist frisch zubereitet und schmeckt lecker, das tröstet über den Bierpreis hinweg.

Nach dem Essen sehen wir von unserem Zimmer den Festzug mit dem Maibaum in Richtung Feuerwehr ziehen. Wir gehen auch dahin. Dort treffen wir auch die Bernburger wieder und schauen gemeinsam zu, wie der Maibaum aufgerichtet wird. Nach dem Aufrichten müssen die Seile wieder runter. Dazu stellt die Feuerwehr eine ausziehbare Leiter hin und einer muss die circa acht Meter hoch. Das dauert! Wir sind uns einig: mit ein paar Steigeisen wäre das in wenigen Minuten erledigt.

Wir setzen uns mit einem Bier an einen Tisch und kommen mit einem Einheimischen ins Gespräch. Er sei Eingeborener und war beim Grenzschutz. Als Schabowski die Grenze für geöffnet erklärt hat, war er gerade als Einsatzleiter im Dienst. Innerhalb kurzer Zeit gab es hunderte Alarme an der Grenze von Leuten, die einfach losgerannt sind. "Und was habt ihr gemacht?" frage ich. "Wir haben uns in die Wachstube gesetzt und Bier getrunken. Wir kannten doch die Leute. Wir wussten, wer jetzt losrennt, um seine Verwandten drüben, gleich hinter der Grenze, zu besuchen. Und am nächsten Früh waren sie wieder bei der Arbeit." Er erzählt eine ganze Menge. Von einhundert Leuten, die sechzehn Kilometer Grenze rund um die Uhr bewachen sollten, das Verhältnis zu den Grenzern gegenüber. Die ersten Minen wurden in den Sechzigern noch von den Russen verlegt. Nach dem Abkommen mit Strauß wurden zwar die Minen entfernt, aber halt nur die, die man gefunden hat. Nach der Wende wurden noch viele weitere gefunden, die weggespült oder von Tieren verschoben wurden. Auch hat er als Kind den Fluchtballon gesehen, der genau über den Ort flog.

Gegen halb neun verabschieden wir uns und schlendern zurück in die Pension.

Das war's für Tag zwei. Morgen wird's hart. Einundfünfzig Kilometer mit über achthundert Höhenmetern warten auf uns. Mal sehen, was die Akkus dazu meinen.

Zu Ruhe gebettet, kommen Geräusche an mein Ohr. Es poltert leise vor sich hin, bis es plötzlich lauter wird und dann wieder von vorn beginnt. Es klingt, als ob jemand in der Nachbarschaft einen langsamen Betonmischer betreibt, in dem ein mittelgroßer Stein ist, der in der Trommel rumpelt und dann genug Höhe hat, um nach unten zu poltern. Irgendwann schlafe ich trotzdem ein.

Tag 3: Blankenstein/Harra ↣ Ziegenrück/Alten-beuthen

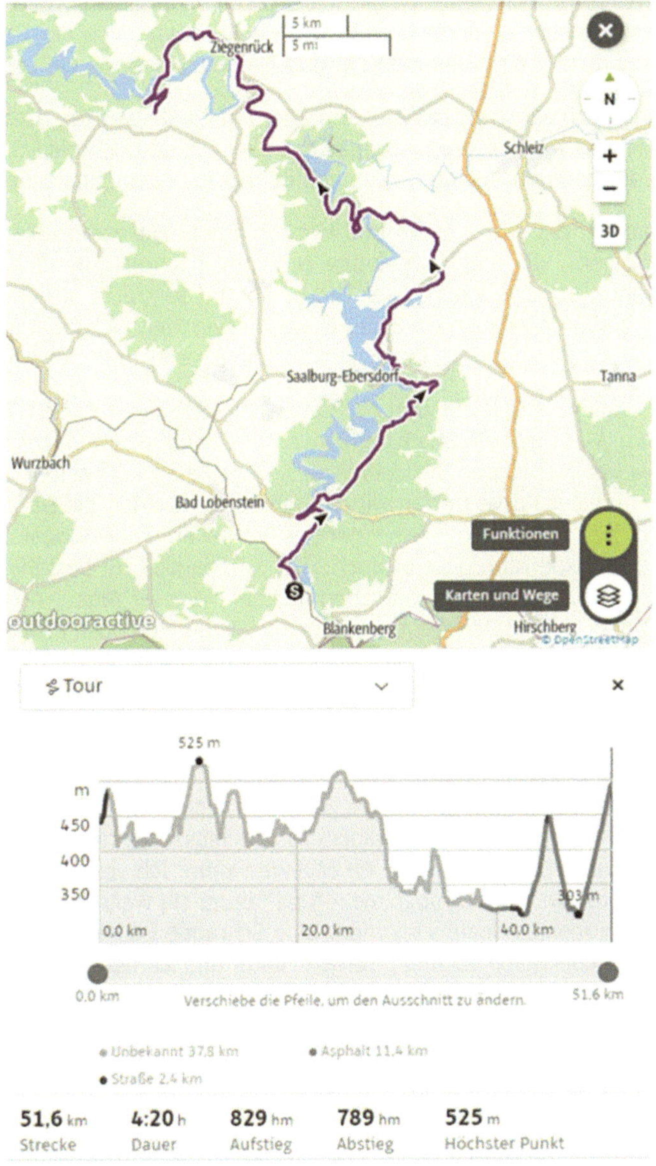

51,6 km	**4:20** h	**829** hm	**789** hm	**525** m
Strecke	Dauer	Aufstieg	Abstieg	Höchster Punkt

Durch das permanente Geräusch des Mischers verläuft die Nacht sehr unruhig. Irgendwann schließe ich das Fenster und kann wenigstens noch bis halb acht schlafen.

Um acht ist Frühstück. Dieses ist ok, mit Brötchen, Marmelade, Honig, Käse und Wurst. Das gekochte Ei ist genau auf dem Punkt. Super. Von der Cateringchefin erhält das Frühstück das Präparat sehr gut! Das ist sowas wie ein Lob!

Meine Frage nach dem nächtlichen Lärm wird damit beantwortet, dass in Blanken-stein die Zellstofffabrik diesen verursacht. Hallo! Die ist doch bald drei Kilometer weg! Wie soll denn das klingen, wenn man direkt in der Nachbarschaft wohnt?

Sachen packen, die Räder holen und Gepäck drauf. Wir verabschieden uns von den Bernburgern, wir sehen uns heute bestimmt nochmal irgendwo unterwegs. Beim Losfahren rutsche ich von der Pedale ab und zerkratze mir die Wade. Den Spuren nach könnte es auch ein Luchs gewesen sein, der mich nicht ganz erwischt hat. Zähne zusammenbeißen, lächeln und nochmal versuchen. Jetzt funktioniert's.

Die Fahrt beginnt erst leicht bergab, um dann, steil bergauf, den Turbo-Modus einfordernd. Wir folgen ein Stück der Landstraße, biegen dann nach rechts ab und fahren abwärts in Richtung Bleilochtalsperre. Der Belag wechselt von Asphalt auf Waldweg. An einer Kurve treffen wir die Bernburger wieder, die sich gerade ihrer warmen Sachen entledigen. Weiter geht es, vorbei an einer Bungalowsiedlung in Richtung der Talsperrenbrücke Bleiloch. Hier wird parallel zur bestehenden Brücke eine neue gebaut, deren Stützen schon aus dem Wasser ragen. An der Baustel-lenampel holen uns die Bernburger wieder ein. Da die Rotphase etwas länger dau-ert, will ich beide Pedale ausklicken, und ich merke, mein rechter Schuh steckt in der Klickmechanik fest. Also erstmal damit weiterfahren. Nach der Brücke durch-queren wir Saaldorf und biegen am Ende nach links in den Wald ein. Die Steigung nimmt kein Ende, mit dem Tour-Modus allerdings gut zu bewältigen.

Oben angekommen steige ich ab und ziehe den rechten Schuh aus, während der noch an der Pedale feststeckt. Mit einem Inbusschlüssel bekomme ich ihn frei. Die Bernburger kommen ran. Er fragt, ob er helfen kann. Ich verneine. Alles im Griff. Nach einem kurzen Plausch über mein Navi fahren sie weiter und ich kann mich der Reparatur meines Schuhs widmen. Eine Schraube ist wieder einmal raus, ist jedoch erfreulicherweise noch da. Sie fällt runter und ich hebe sie auf. Sie fällt ein zweites Mal runter und ich hebe sie ein zweites Mal auf. Sie fällt ein drittes Mal runter und ist weg! Nun hat sie es geschafft, sich zu verdünnisieren! Wir suchen bestimmt eine viertel Stunde und finden sie genau vor unserer Nase! Beim vierten Versuch klappt die Reparatur und wir können weiterfahren.

Berg ab, Berg rauf und wieder lang bergab an die Talsperre. An einem langen Tal eines Zulaufes fahren wir wieder an den Bernburgern vorbei, die hier auf einer

Bank eine Pause einlegen. Der Weg wird zur Straße und es werden auch wieder mehr Leute, denen wir ausweichen müssen.

Wir erreichen Saalburg und durchqueren den Ort. Im Norden schließt sich ein Campingplatz an, der schon gut besucht ist. Wir biegen nach rechts auf eine alte Bahntrasse ab. Ich liebe diese zu einem Radweg umfunktionierten Trassen, wenn auch die eine oder andere jetzt für die Verkehrswende fehlt. Anfangs führt der Weg leicht bergab, dann doch wieder einige Kilometer bergan, nicht steil, aber stetig.

Am Scheitelpunkt versucht ein Schild uns an der sorglosen Weiterfahrt zu hindern. Wochentags ist die Strecke irgendwo wegen Holzeinschlag gesperrt und wir sollen doch hier nach links abbiegen und diesen Bereich umfahren. Ok, heute ist Mittwoch, der erste Mai! Ist das jetzt ein Wochentag oder ein Feiertag? Wir entscheiden uns für den Feiertag und fahren weiter. Die Trasse führt nun gleichmäßig bergab und bei etwas über 30 km/h singen die Reifen wieder auf dem Asphalt. Schön!

Wir biegen auf eine Landstraße ab, kommen an einem großen griechischen Restaurant vorbei und erreichen Burgk mit seinem Saaleturm. Genau dort machen wir am Ende des Parkplatzes eine Rast. Ein Brötchen, ein paar Kekse und ein Plastikbier, schön im Schatten einer überdachten Holz-Sitzgruppe. Kein schlechtes Plätzchen.

Um uns in Erinnerung zu bringen, rufe ich in der nächsten Pension an. Leider ist "Derzeit kein Anschluss unter dieser Nummer!". Auf der Website finde ich eine Mobilfunknummer und versuche es damit. Der Chef nimmt den Anruf an. Ich: "Hier ist Kunhardt, wir haben für heute ein Zimmer reserviert." "Ja." "Ich will ja nicht drohen, aber wir sind auf dem Weg zu Ihnen!". Er braucht eine kurze Pause: "Das ist ok". ... Und weil ich auf der Website war: "Übrigens habe ich gerade gesehen, dass es bei Ihnen heute Thüringer Klöße gibt." Er: "Ja, heute Mittag." "Können Sie uns für heute Abend vier Stück aufheben?". Er pustet:

"Mal sehen." Ich bedanke mich schon mal. "Danke, das ist nett von Ihnen!" Der Cateringchefin bleibt der Mund offenstehen und ich sehe, wie ihr der Zahn tropft.

Ein Wohnmobil mit Berliner Nummer fährt vorbei. Die Beifahrerin winkt aus dem offenen Fenster: "Tschühüß!" Wir winken zurück. "Gute Fahrt!" Man kennt sich ja. Vielleicht. Aus dem letzten Leben?

Wir setzen uns wieder auf unsere Räder. Den Turm besteigen wir nicht, wir haben so schon genug Höhenmeter. Es geht bergab, mit 16% Gefälle am Schloss vorbei, runter zur Saale. Auf den ersten Metern bis zu einer überdachten Holzbrücke sind jede Menge Fußgänger unterwegs. Sie gehen lächelnd zur Seite, sobald sie uns bemerken. Wir bedanken uns artig. Nach der Überquerung der Brücke sind wir wieder allein auf der Piste.

Der befestigte Weg führt ziemlich eben am Ufer der Saale entlang. Bis sich plötzlich eine kurze, aber extreme Steigung vor uns auftut! Ich schaffe es noch in den Turbo-Modus und zwei Gänge runterzuschalten. Ich musste es schaffen, denn aus den Klickpedalen wäre ich nicht mehr rausgekommen. Ute hat keine Chance, sie muss absteigen und schieben.

Etwa einen Kilometer weiter steht ein Hinweisschild, 16% Steigung. Diesmal haben wir genug Zeit, um den Turbo einzulegen und runterzuschalten. Es geht so leicht und locker den Anstieg mit zwei Serpentinen hoch, dass Ute ein "Das ist geil!" entfährt. Recht hat sie!

Mit leichtem Gefälle führt der Weg weiter. Wir passieren den Holzeinschlag. Die Harvester haben ordentlich Spuren hinterlassen. Gut, dass es trocken ist. Und es ist heute doch Feier- und nicht Wochentag!

Im nächsten Ort steht ein T5 am Straßenrand. Unter der offenen Heckklappe stehen ein paar Männer und trinken Bier. Ich rufe ihnen ein "Prost!" zu. und erhalte lächeln und Daumen hoch zurück. Ein paar Sonnenstrahlen und die Leute werden gleich entspannter.

Wir überqueren ein Wehr und fahren ganz entspannt unter Bäumen nach Ziegenrück. Die Motoren haben Pause, die Reifen singen leise auf dem Asphalt, der Fluss rauscht und sucht sich seinen Weg zwischen Steinen, ein paar Schwäne gründeln. Idylle pur.

Ziegenrück, die selbst ernannte Perle am Thüringer Meer, ist überlaufen. Mit den Rädern schlängeln wir uns durch die Leute. Bloß weiter! Wir fahren einfach durch. Und wieder eine lange Steigung bis Paska, um dann wieder bergab zur Linkenmühle an der Talsperre zu rollen.

Hier machen wir eine Pause und wollen ein Eis essen. Nur, allein sind wir hier auch nicht! Als Ute die Schlange vor dem Selbstbedienungsschalter sieht, vergeht ihr der Appetit. Ich stelle mich hinten an. Nach einer Weile wird fast direkt bei Ute ein weiterer Schalter geöffnet, was die Wartezeit erheblich verkürzt, zumal hier nur Eis verkauft wird. Die Kugel für eins fünfzig ist ok. Das Eis ist selbstgemacht, wie uns ein Paar am Tisch versichert. Weiter berichtet das Paar, offensichtlich aus der Region, dass diese Linkenmühle schon zu DDR-Zeiten einen guten Ruf hatte und noch heute davon profitiert. Zu Recht, sonst würde hier keiner herkommen. Und das Eis ist wirklich lecker.

Wir brechen wieder auf und wollen die letzten Kilometer in Angriff nehmen. Hier gab es einmal eine Brücke auf die andere Seite der Talsperre, die Brückenstümpfe auf beiden Seiten stehen noch. Jetzt gibt es eine Fährverbindung, die uns auf die andere Seite bringen wird. Der Anleger liegt weit unten, der Zugang ist extrem steil. Da merkt man erstmal, wie weit das Wasser abgelassen wurde. Viele Bootsstege liegen auf dem Trockenen. Auf meine Frage, wie weit man hier mit dem 49€-Ticket kommt, erhalte ich vom Fährmann die lapidare Antwort: "Gar nicht!". Also bezahlen wir die vier Euro für die Überfahrt.

Auf der anderen Seite probiere ich mit der Hand die Wassertemperatur. Nicht unangenehm kalt, allerdings möchte ich jetzt nicht wirklich baden gehen. Wir schwingen uns auf die Sättel und radeln los. Ein Schild weist uns darauf hin, was uns jetzt erwartet: sechs Prozent Steigung auf den nächsten drei Kilometern. OK! Die Akkus haben noch gut zwei Drittel Power, also den Turbo rein und ab geht die Post. Mit etwa 18 km/h geht es die drei Kilometer nach oben. Unterwegs überholen wir ein älteres Ehepaar, ebenfalls auf E-Bikes. Er bekommt den Mund nicht wieder zu, als wir vorbeiziehen, ich bekomme die Mundwinkel nicht wieder runter vom Grinsen. Oben zeigt mein Akku noch vierundfünfzig Prozent, damit würden wir noch ein ganzes Stück weiterkommen.

Die Pension "Zur alten Linde" empfängt uns mit einem Biergarten. Als wir absteigen, kommt die Chefin. Sie zeigt uns den Fahrradschuppen, dann unser Zimmer mit Schlaf- und einem Wohnraum und Bad. Schön. Die Räder werden gefüttert und wir genießen erstmal ein Bier für dreifünfzig der halbe Liter. Der Chef druckst rum, das mit den Klößen hätte nicht funktioniert und so. Das schlecht unterdrückte Grinsen erzählt etwas anderes. und das sage ich ihm auch. Alles ok. Er bittet nur darum, dass wir das Gleiche bestellen, damit er nicht so viel vorhalten muss. Wir entscheiden uns für Rouladen und Rotkraut, so gegen sechs.

Nach einer Weile kommt er wieder vorbei. Da mein Bierglas undicht ist, halte ich ihm das leere Glas hin und frage, ob ich noch eins bekommen kann. "Was wollen Sie mit zwei leeren Gläsern?" fragt er prompt! Der ist sooo gemein!

Er bringt dann doch noch ein volles Glas und wir unterhalten uns über die Gegend. Als der Hohenwartestausee in den 1930er Jahren gebaut wurde, stand unter anderem die Bedingung, dass an der Linkenmühle eine Brücke die im Wasser versunkene Straße ersetzen muss. Irgendwann musste die damals gebaute Brücke abgerissen werden und wurde nicht mehr ersetzt. Dafür gibt es jetzt eine kostenpflichtige Fährverbindung. Es gibt da wohl Verantwortliche und Interessengruppen, die das entweder nicht interessiert oder einen Neubau sogar aktiv verhindern.

Der Wasserstand der vorgelagerten Bleilochtalsperre wurde wegen des Brückenneubaus über deren Gewässer abgesenkt und stand damit als Hochwasserschutz nicht mehr zur Verfügung. Deshalb musste auch hier am Hohenwartestausee der Wasserstand abgesenkt werden, um im Bedarfsfall, zum Beispiel bei Hochwasser, mehr Wasser aufnehmen zu können. Nun ist der Brückenbau bei Saaldorf so weit fortgeschritten, dass der Wasserstand in beiden Stauseen wieder angehoben werden kann. Allerdings wird erst die Bleilochtalsperre wieder aufgefüllt.

Laut Website des Saaleradweges ist ein Stück der nächsten Etappe, kurz vor der Sperrmauer, wegen "Felssicherungsarbeiten" komplett gesperrt. Ich frage den Wirt danach und ob man eventuell mit dem Rad trotzdem durchkommt. Seinen Unmut kann er nicht verheimlichen. Diese Baustelle kam wohl ohne Vorankündigung. Plötzlich mussten alle zwanzig Kilometer Umleitung fahren. Alle, egal ob Privatpersonen, Handwerker oder der Schulbus. Alle brauchen plötzlich eine Stunde länger, um hin und wieder zurückzufahren. Manchmal lassen sie Radler durch, aber darauf kann man sich nicht verlassen, auch diese müssen zwanzig Kilometer Umleitung fahren. Die gute Nachricht: Aufgrund der massiven Proteste aus allen Reihen, wurde die Bauzeit von geplanten sechs auf vier Wochen verkürzt und die Strecke ist seit heute wieder offen.

Nach dem Duschen vertreten wir uns noch etwas die Beine. Auf Empfehlung des Chefs laufen wir zum Flugplatz des Ortes, weil es von dort eine wunderschöne Aussicht auf die Talsperre gibt. Dieser Flugplatz entpuppt sich als Startplatz für Gleitschirmflieger und die Aussicht ist wirklich grandios. Von hier oben gesehen, schlängelt sich die Saaletalsperre durch die Landschaft. Hier noch mit dem Gleitschirm zu starten, muss einfach herrlich sein. Wir setzen uns auf eine Bank und lassen das Ganze auf uns wirken. Ein paar *Geocaches*[1] werden bei diesem Spaziergang auch gleich noch geloggt.

Punkt sechs sitzen wir am Tisch, und kurz darauf werden die Rouladen mit Rotkraut und Thüringer Klößen serviert. Ein Obstler als Nachtisch rundet das reichliche, köstliche Mahl ab.

Am Nachbartisch sitzen andere Pensionsgäste, die auch noch ein paar Klöße mit Rouladen essen. Wir kommen ins Gespräch. Sie sind aus der Pfalz und ebenfalls mit E-Bikes hier, allerdings auf der Hängerkupplung. Von dieser Pension aus fahren Sie mit dem Auto mit aufgeladenen Bikes irgendwo hin, um dann von dort mit den Rädern die Gegend zu erkunden. Das kann man auch machen. Und auch sie betreiben Geocaching, allerdings nur in der Kategorie Letterbox. Die wurde von mir abgewählt, ich suche nur Tradis und bin froh, wenn ich sie finde.

Der Biergarten leert sich und der Chef geht auf die Jagd. Beim Anblick des Zielfernrohres kann ich mir die Bemerkung nicht verkneifen, dass man damit ja gar nicht vorbeischießen kann. "Ja," meint er, "bei der Vergrößerung merkt man aber auch, wie alt man wird und wie sehr man zittert."

So langsam wird es frisch. Wir nehmen noch zwei Bier und gehen damit in das Zimmer. Ein Fernseher ist zwar vorhanden, bringt jedoch nur schwarz-weiß auf allen Kanälen! Einen Schwarz-Weiß-Flatscreen habe ich auch noch nicht gesehen! Na, ok, dann würfeln wir eben noch etwas.

Ich bringe den Tag noch in die Notizen. Wieder wird es halb zwölf. Was soll's, morgen frühstücken wir erst halb neun und haben dann nur etwas über dreißig Kilometer, vorwiegend bergab, vor uns.

Tag 4: Ziegenrück/Altenbeuthen ➻ Saalfeld

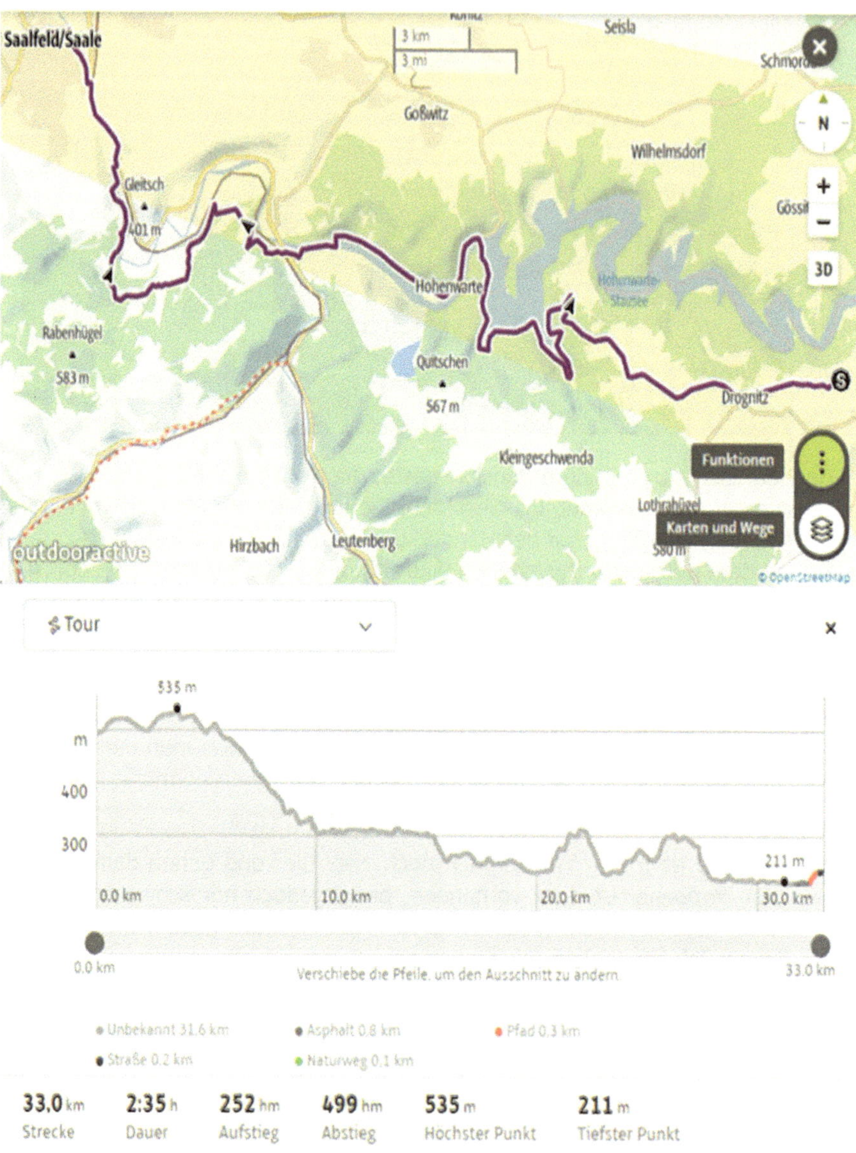

33,0 km — Strecke **2:35** h — Dauer **252** hm — Aufstieg **499** hm — Abstieg **535** m — Höchster Punkt **211** m — Tiefster Punkt

Der Tag beginnt feucht, nicht draußen, nein, da lacht die Sonne, sondern im Bad. Der Boden ist nass, der Duschvorleger ist vollgesogen. Nach einigem Suchen finden wir die Stelle: der Warmwasseranschluss des Waschbeckens tropft. Ich drehe den Anschluss zu, mag sich der Eigentümer drum kümmern. Wir gehen frühstücken.

Die anderen Pensionsgäste sitzen schon an ihrem Tisch. Auch die Wirtsleute frühstücken. Ich berichte dem Chef vom Wasser. Nach anfänglichem Stirnrunzeln entspannt er sich, als ich ihm versichere, dass im Moment nichts passieren kann. Auch vom s/w-Fernseher wissen sie noch nichts. Klar, beim Sauber machen sieht man in der Regel nicht fern.

Die Pfälzer sind fertig mit dem Frühstück. Sie erzählt von einer riesigen Regenfront, die über Deutschland zieht. Ich sage, diese ist nur im Westen und dort möge sie auch in den nächsten beiden Wochen bleiben. Möglich, dass sie etwas vergrätzt war, jedenfalls sind sie gegangen.

Bei meiner Frage nach dem Jagderfolg winkt der Chef ab. Er saß wohl am falschen Ort. Nur ein Fuchs und ein Hase wären ihm über den Weg gelaufen. Vermutlich kamen die vom Gute-Nacht sagen.

Wir packen unsere Sachen, verladen alles auf die Räder und verabschieden uns nochmal. Auf geht es nach Saalfeld.

Die Straße zieht sich oberhalb der Talsperre etwas hügelig dahin. Im nächsten Ort gibt es nochmal einen kurzen Anstieg, bevor eine lange Abfahrt bis hinunter zur Talsperre folgt. Der Asphalt ist sehr uneben, es gibt jede Menge kurze Stöße und ich muss den Lenker ordentlich festhalten. Mehr als dreißig fahre ich nicht, und wieder werde ich das Gefühl nicht los, dass ich immer stärker an den Bremshebeln ziehen muss, damit die Bremsen ihrer Aufgabe nachkommen. Liegt es vielleicht am Gewicht? Ich weiß es nicht.

Unten angekommen, fahre ich langsam, um Ute rankommen zu lassen. Sie hält sich bergab sehr zurück. Plötzlich kracht es ein gutes Stück hinter mir. Ist Ute gestürzt? Nein, nur der Hänger hinter einem Transporter beschwert sich über die Fahrbahn.

Wir rollen an der neu gesicherten Felswand vorbei. Wegen dieser Sicherung war die Straße vier Wochen komplett gesperrt! Rechts liegt das Thüringer Meer, die Sonne spiegelt sich auf der Meeresoberfläche. Ein Motorboot, offensichtlich elektrisch, da man es nicht hört, zieht seine Bahn. Ein Rentner auf einem Rennrad kommt uns entgegen. Es geht mal einen halben Meter hoch und wieder ein halber Meter runter.

An der Staumauer steigen wir ab. Um die Aussicht besser genießen zu können, schieben wir die Räder ein Stück. Die Fische können mit dem Rapspollen wohl nichts anfangen, denn der sammelt sich auf der Wasseroberfläche zu einer dicken Schicht. Ein Kiebitz hüpft auf der Brüstung vor uns her.

Wir fahren weiter. Am Ende der Staumauer biegen wir links ab und folgen dem Gefälle bis zum Grund der Staumauer. Dann geht es gemütlich weiter, wir überqueren eine Brücke, um auf der anderen Seite weiter zu radeln. Ein rot-weißes Flatterband sperrt den Zugang zum Wasser. Schilder bestimmen: "Der Zugang zum Vereinsgelände ist wegen Niedrigwasser gesperrt!" Ich vermute hier mal einen Ruderverein, denn es geht ziemlich weit geradeaus, bis zum nächsten Wehr. Ob das auch etwas mit dem Brückenbau bei Harras zu tun hat? Keine Ahnung! Die Frage wird sein, wie lange die Mitglieder bei der Stange bleiben!

Nach dem Wehr wird der Fluss wieder natürlicher. Es rauscht wieder mehr. Ein Angler steht mit einer Wathose im Wasser. Fliegenfischen in Deutschland? Warum nicht?

Im nächsten Ort verlässt der Radweg den Fluss, es geht wieder bergauf. Eine Bank lädt zum Verweilen ein. Wir lassen uns nicht bitten, machen ein Päuschen und genießen den Blick über das Saaletal.

Beim Checken des Handys fällt mir eine E-Mail von unserer übernächsten Übernachtung in Jena auf. Die wollen wirklich wissen, wann wir anreißen. Die Rezeption sei nur bis 14 Uhr besetzt! Das weiß ich doch jetzt noch nicht! Ich antworte höflich bestimmt, dass wir mit Rädern unterwegs sind und ich die Fahrzeit nicht einschätzen könnte. Daraufhin kommt als Antwort der Zugangscode zu einer Schlüsselbox und die Beschreibung, wo wir die Räder sicher unter Verschluss bringen können. Das finde ich nun wieder super!

Wir fahren weiter bergauf. Der Belag wechselt zur "Römische Heerstraße". Hey Alter, da kriegste ne Meise!! Die Sonne scheint durch junge Bäume, die einen Schatten auf den Weg werfen. Feldsteine hochkant quer verlegt, Sonnenstrahlen, Schatten, es ist ein einziges Geschüttel.

Oben angekommen, wird es wieder ein Asphaltweg und der führt steil bergab. Die Abfahrt verläuft in einem rechten Winkel um eine Kirche und endet in einem Bus-Wendehammer. Ich drehe ein paar Runden, bis auch Ute wohlbehalten unten ist.

Durch das Dorf sind wir fix. Auch hier gibt es ein Gasthaus "Zur Linde". Am Ende

geht es wieder bergauf und bergauf, über ein Hochplateau und dann, laut Schild, mit 12% Gefälle 470 Meter abwärts. Wer hier ohne Akku hoch muss, viel Erfolg. Da der Weg sehr schmal und unübersichtlich ist, kann ich das Rad nicht einfach rollen lassen, die Bremsen müssen ordentlich ran!

Die letzten Kilometer nach Saalfeld führen entspannt am Fluss entlang. Am Anfang des Ortes fallen mir im Fluss mehrere Reihen Steine auf. Das Wasser überwindet hier eine gewisse Höhe über eine Kaskade. Am Ufer stehen mehrere Bänke, bestimmt ein schöner Ort zum Entspannen.

Das Navi führt uns unter einer Brücke hindurch und dann an eine Treppe, über die wir auf Fahrbahnhöhe kommen sollen. Da hat wohl einer bei der Planung, besser bei der Anpassung der Route, nicht aufgepasst! Mit den schweren Rädern und Gepäck nehmen wir keine Treppe. Wir nehmen einen Umweg in Kauf, der uns einmal um das gesamte Stadtzentrum führt. Danke Navi,

Unsere gebuchte Pension 'Zum Pappenheimer' finden wir dann doch noch. Es ist viertel eins, Mittagsbetrieb in der Gaststätte. Die Bedienung ist etwas überfordert, Bestellungen entgegennehmen und Getränke verteilen und dann stehe ich noch im Weg. Schließlich zeigt sie mir das Zimmer und einen kleinen Gang, wo wir erstmal die Räder abstellen können. Aber wenn es heute, wie angekündigt, regnet, dann müssen die Räder hier weg. Gleich in der Nähe befindet sich eine Tiefgarage.

OK, wir stellen die Räder erstmal ab und bringen die Taschen und Akkus über eine sehr schmale Wendeltreppe nach oben ins Zimmer. Das Zimmer ist groß und gemütlich. Im Bad geht es vom Waschbecken, eine halbe Treppe tiefer zur Toilette und zum Duschbereich. Hier wurde das Haus offensichtlich irgendwann einmal erweitert. Wir duschen, trinken und essen etwas. Die Akkus bekommen Strom, auch wenn nicht viel fehlt. Dann entschieden wir uns doch, die Räder gleich in die Tiefgarage zu bringen, so haben wir heute Abend Ruhe. Und die Tiefgarage der Sparkasse ist von zweiundzwanzig bis sechs Uhr geschlossen.

Wieder zurück bei den Pappenheimern trinken wir ein Bier im Raucherbereich. Das ist ein überdachter Balkon, der einzige "Freisitz". Ute freut sich über kleine frische Rosen auf den Tischen. Aus einem benachbarten Raum, aus dem ein angekipptes Fenster zum Balkon zeigt, kommen Leute heraus zum Rauchen. Sie feiern den erfolgreichen Notarvertrag zur Auflösung einer Erbengemeinschaft. Dies muss kein einfacher Akt gewesen sein.

Wir spazieren eine kleine Runde durch den Ort. Schön hergerichtete Häuser, viele kleine Läden. Ute kauft in einem Edeka-Verschnitt ein paar Piccolöchen, ich hole mir auf dem Markt ein dänisches Softeis mit Krokant. Das ist echt lecker. An der Marktpassage befindet sich ein Werbeschild für irgendetwas im ersten Stock. Nur ist der Schriftzug "1. Etage" unten und in Spiegelschrift. Dummheit, Provokation oder Marketing? Noch ein Abstecher zu Norma, um unseren Vorrat an Plastikbier aufzufüllen. Ja, und auch in Saalfeld gibt es schon Barbershops, mindestens zwei.

Zurück in der Pension zieht es uns die Augen zu und wir ruhen erstmal. Gegen fünf sind wir nochmal draußen, es wird etwas frischer und Wolken ziehen auf.

Für sechs ist der Tisch reserviert. Wir sitzen auf halber Treppe, unten der Gastraum, oben neben dem Raucherbalkon eine Gesellschaft. Die Kellnerin rennt immer wieder die Treppe hoch und runter. Ich zähle mit und rechne mal durch: In circa einem halben Jahr hat sie so den Mount Everest bestiegen und ist auch schon wieder runter. Heute verzichten wir mal auf Schnitzel, Klöße und Co. Für uns gibt es Ragout Fin, Soljanka und eine Portion Hackepeter, die wir uns teilen.

Nach dem Essen besuchen wir nochmal die Saale. Auch hier gibt es wieder diese Steinkaskade im Fluss. Eine Tafel erklärt es so: Um den Fischen und Kleintieren die Wanderung in den Flüssen zu erleichtern, wurden die alten Wehre durch diese Sohlrampen, so der Fachbegriff, ersetzt. Zumindest hatten schon mal die Enten ihren Spaß in den Stromschnellen.

Als es anfängt zu grollen, ziehen wir uns in die Pension zurück und setzen uns mit einem Bier auf den überdachten Balkon. Aus diesem geschützten Bereich können wir das nun folgende Unwetter genießen. Im Nachbarzimmer findet eine Sitzung statt. Ohne direkt lauschen zu müssen, erfahren wir, dass es um die Vorbereitung irgendeiner Jahrfeier geht. Als jemand vorschlägt, nur alkoholfreies Bier auszuschenken, kommt richtig Stimmung auf.

Irgendwann verschwinden wir im Zimmer. In der Radio-App auf meinem Handy läuft 181.fm/Mix und ich lass den Tag nochmal Revue passieren, während ich meine Notizen erfasse.

Tag 5: Saalfeld ↠ Jena

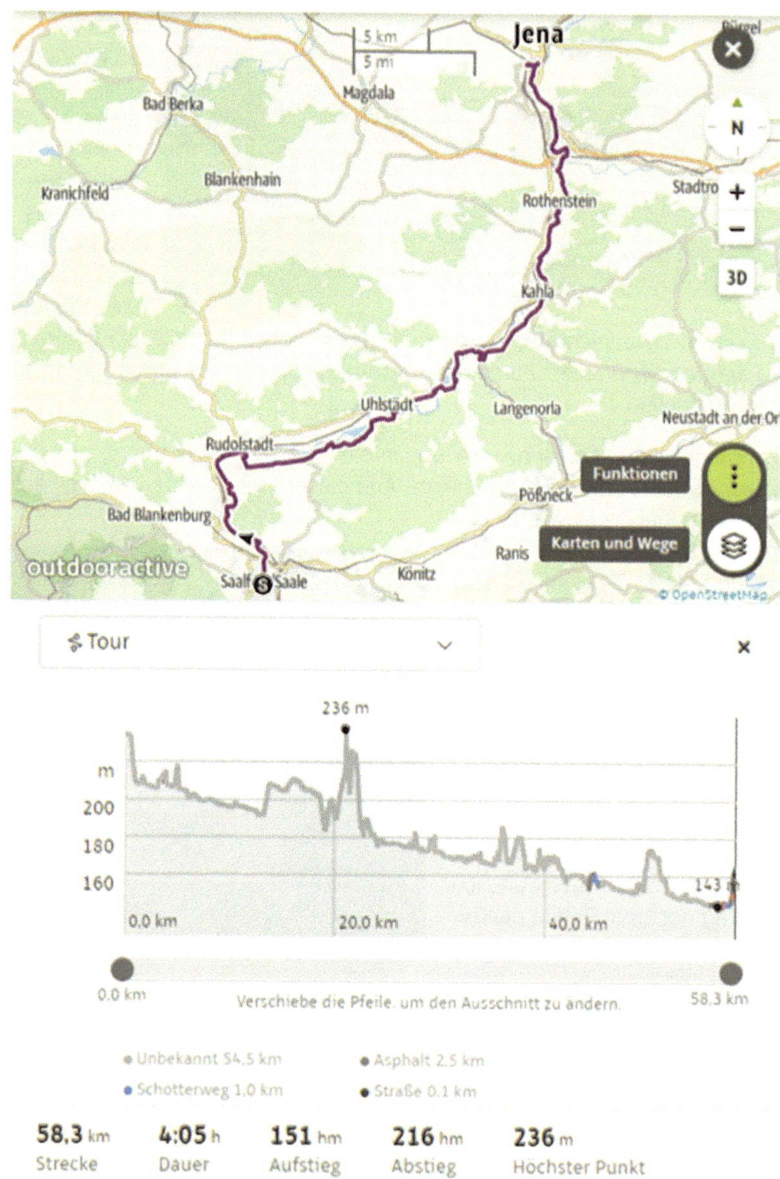

58,3 km	**4:05** h	**151** hm	**216** hm	**236** m
Strecke	Dauer	Aufstieg	Abstieg	Höchster Punkt

In der Nacht hat es noch geregnet, das haben wir so nebenbei mitbekommen, doch jetzt scheint die Sonne wieder für uns.

8.15 Uhr ist Frühstück, es erhält das Prädikat 'Super'! Kaffee ok, O-Saft, drei verschiedene Sorten Käse, fünf Sorten Wurst, Obst (Weintrauben, Kiwi, Birne, Banane), gekochte Eier, ausreichend Butter - alles schön angerichtet auf dem Tisch. Und wir sind nicht die Einzigen. Das gute Frühstück scheint sich herumgesprochen zu haben, denn es kommen auch Gäste von außerhalb, ein normaler, gut besuchter Publikumsverkehr.

Wir packen unsere Sachen und bringen sie und die schweren Akkus die Wendeltreppe runter. Die Räder in der Tiefgarage stehen noch wie am Vorabend abgestellt. Beim Aufsatteln merken wir, dass es sich nach dem Regen ganz schön abgekühlt hat. Gut, dass wir uns etwas wärmer angezogen haben.

Da der Pappenheimer in einer Einbahnstraße ist, schieben wir die Räder das erste Stück. Nach grober Orientierung radeln wir los und kommen gerade einmal einen halben Kilometer weit. Dann stehen wir vor einer Sperrscheibe. Der Weg durch einen Park zur Saale ist gesperrt. Also einen anderen Weg suchen, das Navi kennt sich aus. Die nächste Chance, rechts abbiegen und steil bergab. Ich fahre voraus. Nach einer Kurve stehe ich wieder vor einer Sperrscheibe und einem Bauzaun. Dahinter ist ein Graben ausgehoben, also kein Vorbeikommen! Ich blicke zurück und wende das Rad, ein ordentlicher Anstieg liegt vor mir! Fahren ist nicht möglich, also schieben! Eigentlich hat das Rad eine Walking-Unterstützung, nur jetzt, wo ich sie brauche, merke ich nichts davon. Ob ich sie einschalte oder nicht, ist egal, ich spüre keine Unterstützung. Mein Puls steigt nicht nur von der Anstrengung, ich schimpfe über die fehlende Unterstützung und vor allem darüber, dass die Sperrscheibe erst unten nach einer Kurve steht. Wir folgen der Straße weiter und finden auch so die Saale. Von nun an läuft es wie die Polizei in die Häuser. Dank des guten Asphalts bleiben die Motoren aus.

Nach kurzer Fahrt erreichen wir Rudolstadt, durchqueren ein Gewerbegebiet und nehmen den Saaleknick in Richtung Osten mit. Am Bahnhof kommt eine junge Frau gelaufen, das Gesicht zur Faust geballt. Ich lächle sie an, erst werden ihre Augen groß, dann lächelt sie zurück. Ha, funktioniert doch noch.

Wir verlassen die Stadt wieder. Es folgen viele Kilometer über Land, der Wind schiebt, wir radeln entspannt. Nach einem kleinen Hügel zieht Ute die erste Schicht ihres Zwiebellooks aus. Und weiter, immer schön im Wind segeln. Plötzlich heißt es abbremsen, eine Flutrinne vor uns! Die ist mit querliegenden Feldsteinen gepflastert! Och, nöö!

Vor uns türmt sich der Rand des Saaletals auf. Oben stehen Häuser, bis an die Kante gebaut. "Was ist denn das?" frage ich so. "Eine Stadt!" bekomme ich zur Antwort. "Da bin ich aber froh! Es hätte auch ein Wasserfall sein können." Es ist tatsächlich eine Stadt: Orlamünde. Und warum? Weil hier die Orla in die Saale mündet. Und warum steht sie da oben auf dem Rand des Tals? Aus Erfahrung mit Hochwasser? Ich weiß es nicht!

Der Rückenwind schiebt uns weiter. Wir überholen ein paar andere Radwander-paare. Es könnte so entspannt sein, nur werden der Sattel und mein Hintern heute keine Freunde! Ich weiß bald nicht mehr, wie ich sitzen soll.

Wir passieren Kahla und machen in einem kleinen Dorf auf einer Bank Mittags-pause. Fünfundvierzig Kilometer haben wir hinter uns, also fünfzehn noch vor uns. Eines der überholten alten E-Biker-Paare kommt vorbei. Er fragt, ohne anzuhalten: "Wie weit geht es heute?", "Nach Jena" antworte ich. "Wir fahren bis Bernburg!" ruft er über die Schulter zurück. Bis Bernburg sind es noch etwa zweihundert Ki-lometer! Warum nicht, es ist ja gerade erst um eins!

Es wird kühl. Der Wind, der uns bisher so gut ge-schoben hat, wird jetzt unangenehm. Also ziehen wir die Fahrradjacken an, die bisher auf dem Ge-päckträger mitgereist sind. Wir sind schließlich keine Kleiderspedition, hier muss jeder ran.

Die letzten Kilometer verschwinden unter den Rä-dern. Vor uns taucht die Saalebrücke der A4 auf. Dahinter ist Jena, unser heutiges Ziel. Das Navi zeigt noch einen kleinen Hügel an. Und was soll's, der Weg führt über den kurzen Tunnel der A4. Das ist eine richtige grüne Oase, ein Park als Lärm-schutz für Jena-Lobeda.

Weiter geht es in Richtung Jena-Zentrum. Wir überholen einen Studenten auf einem 26er Da-menrad. Nach einmal links und einmal rechts ab-biegen, ist er wieder vor uns. Beim zweiten Überholen frage ich "Du kennst wohl die Abkürzung?", Er strahlt: "Ich fahre doch keine Umwege!" und versucht mit mir mitzuhalten. Mit seiner Klapperkiste hat er keine Chance, wenn unsere schweren Räder einmal in Schwung sind, dann rollt's.

Es folgt noch eine kleine Umleitung wegen einer Baustelle und noch einmal ein Motoreinsatz, dann sind wir am Hotel 'Thüringer Hof'. Es ist kurz vor zwei. Der Schlüssel und auch der Schlüssel für den Radschuppen sind in der Schlüsselbox. Ein Typ zeigt mir den Weg zum Schuppen. Wir schütteln kurz die Beine aus, nehmen das Gepäck runter, schließen die Räder weg und suchen unser Zimmer auf. Das ist, sagen wir mal zweckmäßig. Das ganze Hotel hat schon einmal bessere Zeiten gesehen!

Beim Check der abgenommenen Displays stelle ich fest, dass wir beide annähernd die gleiche Strecke gefahren sind, Ute hat noch 85% Akku, ich 90%. Allerdings zeigt mein Display 1600 verbrauchte kcal, Ute soll nur 255 kcal verbraucht haben! Beim genaueren Hinsehen stelle ich fest, dass wir unterschiedliche Softwarestände haben. Demzufolge ist das Softwareupdate vor Beginn der Reise doch schiefgelaufen.

Nach dem Duschen und einem kleinen Getränk gehen wir in die City of Jena. Da wird dieses Wochenende ein Frühlingsfest gefeiert, mit Rummel und einer Fressmeile mit einer Bühne und so. Extra wegen unserer Ankunft hier! Haha, von uns nimmt hier niemand Notiz. Wir schlendern durch die City, am Jentower vorbei, im Volksmund wohl Keksrolle genannt, durch ein kleines Gässchen, drehen um und schauen uns den alten Pulverturm an.

Es fällt auf, dass in Jena sehr viel internationale Küche vorhanden ist. Wir finden das ‘Daheme’ mit guter regionaler Küche. Das Essen ist frisch und lecker, seinen Preis wert. Nur für ein Jenaer Bier, offensichtlich ein Bock, rufen sie hier für 0,4l 5,70€ auf. Das heißt, der halbe Liter kostet 7,12€! Sorry, nein! Für diese sieben Euro essen wir ein leckeres Eis nach Pückler Art, da reicht eine Portion für uns beide.

Nach dem Essen geht es die übliche Runde zum Edeka, Getränke holen. Auf dem Rückweg geht mir die Sache mit der riesigen Differenz bei den verbrauchten Kalorien durch den Kopf. Vielleicht liegt es doch an den unterschiedlichen Softwareständen?

Gleich nach der Ankunft im Hotel schnappe ich mir Utes Handy und ihr Display und gehe zu ihrem Rad. Die WLAN-Verbindung ist vorhanden, allerdings ist der Datendurchsatz auf 1995er Modem-Niveau. Es dauert eine reichliche halbe

Stunde, um die Display- und auch gleich die Motorsoftware zu aktualisieren. Ob es etwas bringt, werden wir morgen sehen.

Und nun fernsehen? Ach nein! Wir gehen nochmal auf das Frühlingsfest. Die Bühne wird wohl nicht umsonst dort stehen. Wenn wir Glück haben, ist dort noch etwas los. Und so weit ist es nicht.

Der Platz ist voll, auf der Bühne spielt die Band 'Knorkator'. Für mich als Musikbanause, der immerhin weiß, wie man ein Radio einschaltet, klingt das wie ein Rammstein-Verschnitt. Die Menge tobt. Ein Bier geht, mehr nicht. Das ist nicht unsere Musik! Wir gehen zurück ins Hotel und lassen den Tag dort ausklingen.

Tag 6: Jena ➻ Naumburg

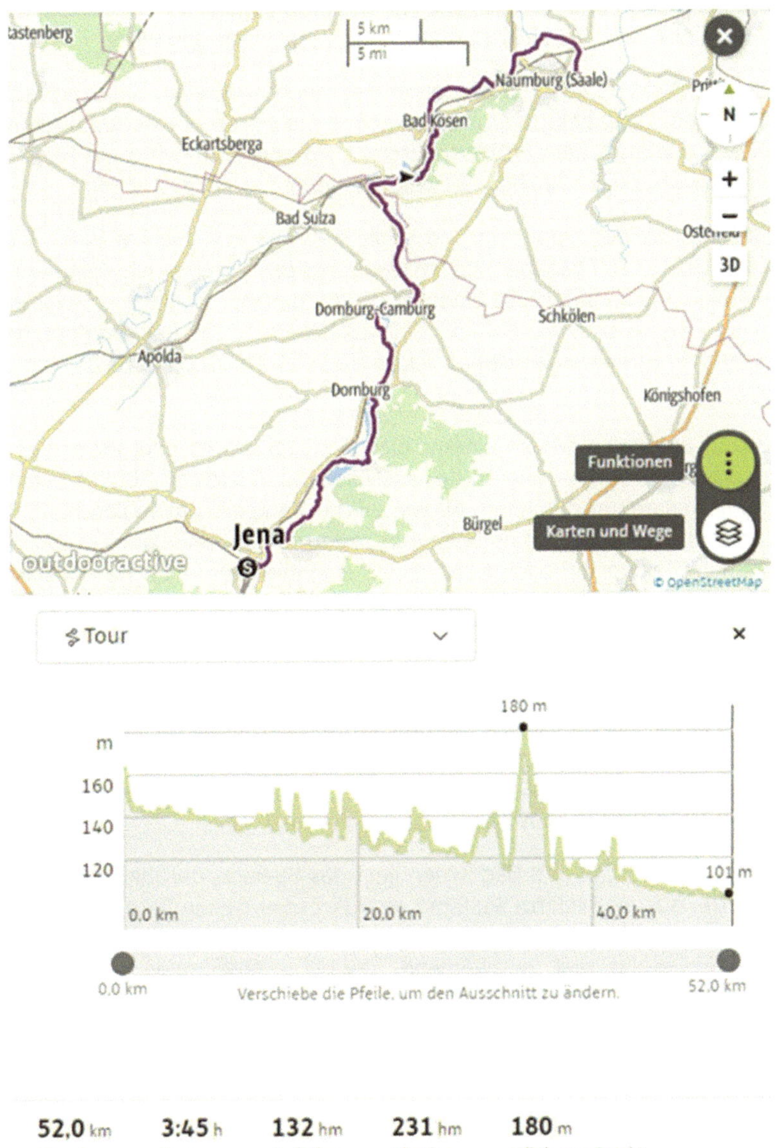

52,0 km **3:45** h **132** hm **231** hm **180** m
Strecke   Dauer   Aufstieg   Abstieg   Höchster Punkt

In der Nacht schließe ich das Fenster. Da das Hotel an einer Hauptstraße liegt, ist es doch laut.

Das Frühstück ist ok, mittlerweile sind wir doch schon ganz schön verwöhnt. Aber zu meckern, gibt es nichts. Wir sind auch hier wieder satt geworden.

Der erste Abschnitt durch die Saaleaue ist fast schon langweilig. Heute schiebt uns kein Wind mehr. Das heißt, wir müssen selbst mehr treten, was bei diesem fast ebenen Gelände auch kein Problem darstellt. Ab und an möchte ein Hügel über einen kurzen, knackigen Anstieg bezwungen werden, auch das ist ok.

Ute legt einen kleinen Spurt ein und schließt zu mir auf. Sie hat einen kleinen Vogel mit gelbem Kopf gesehen, ob ich weiß, was das für einer ist. Keine Ahnung, ich kann mich nicht erinnern, so einen schon mal gesehen zu haben. Etwas später liegt so ein Tier, so groß wie ein Spatz, etwas heller und mit gelbem Kopf, tot am Straßenrand. Während einer kleinen Pause frage ich Dr. Google. Es ist eine Gold-ammer.

Irgendwann überholen wir an einem solchen Hügel die Bernburger wieder. Wir fahren noch ein Stück vor und an der anschließenden leichten Abfahrt halten wir an und unterhalten uns mit ihnen. Als wir auf den Parkplatz am Saaleturm in Burgk gefahren sind, waren sie gerade beim Aufstieg zum Turm und konnten sehen, wie wir ankamen. Das verstehe ich nicht, da wir eigentlich vor ihnen waren. Das lässt sich jetzt aber nicht klären. Und sie haben sich bei Ziegenrück verfahren, sind irgendwo falsch abgebogen und dadurch zehn Kilometer weiter gefahren als ge-plant. Damit hatten sie nicht gerechnet und die Akkus waren dann fast leer ge-saugt. Ansonsten alles im grünen Bereich. Sie fahren heute ab Naumburg mit dem Zug nach Hause, haben dann am morgigen Sonntag noch etwas Ruhe und am Montag geht's wieder zur Arbeit. Bevor wir uns verabschieden, kommt noch ein Paar mit Bio-Bikes und Gepäck vorbei. Als vier Daumen nach oben gehen, sitzen sie gleich noch aufrechter im Sattel und strahlen.

Zwischen Großheringen und Bad Kösen liegt das Saaleck, darüber thront die Ru-delsburg. Der ausgeschilderte Saaleradweg führt über diesen Berg. Wir legen ent-spannt den Turbo ein und radeln hoch bis zur Aussichtsplattform am Löwendenk-mal. Das ist schon fast beschämend, derartige Steigungen mit nur wenig Kraftanstrengung zu nehmen. Treten muss man zwar auch, aber es geht so leicht nach oben!

Bei einem Getränk genießen wir den Ausblick. In Richtung Westen wird eine neue ICE-Brücke gebaut. Sie steht kurz vor dem Lückenschluss. Unten im Tal verläuft eine Bahnlinie, auf der kaum Züge rollen. Ich erinnere mich daran, dass wir vor Jahren mit der Kegelgruppe hier waren. Das Quartier von damals ist von diesem Aussichtspunkt sogar zu sehen. Damals konnten wir uns kaum am Grillplatz unterhalten, weil gefühlt alle dreißig Sekunden ein ICE, ein Regional- oder ein Güterzug vorbei donnerte. Und jetzt? Beinahe schon Kurpark-Idylle!

Wir unterhalten uns mit einem Paar, das ebenfalls mit E-Bikes hier oben ist. Sie

haben ein festes Quartier und unternehmen jeden Tag eine kleine Rundfahrt. Über unsere Tour mit allem Gepäck staunen sie nicht schlecht, könnten sie sich aber auch vorstellen.

Während die Auffahrt über eine gute Asphalt-Straße führt, ist die Abfahrt das ganze Gegenteil. Die ersten Meter schieben wir die Räder über Felsplatten, krumm und schief und buckelig! Dann wird es zum steilen Waldweg, der immer flacher und damit besser befahrbar wird. Uns kommen Radfahrer entgegen. Wenn sie wüssten, was sie noch erwartet!

In Bad Kösen besuchen wir das Gradierwerk, das ist schon ein imposantes Bauwerk. Früher diente es der Salzgewinnung, heute wird die lindernde und heilende Wirkung der salzhaltigen Luft zu medizinischen Zwecken genutzt. Deshalb gibt es hier auch eine Kurklinik. Wir nutzen den Ort für eine kleine Mittagspause. Die Brötchen wollen auch gegessen werden.

Vor uns liegt nun Naumburg. Das letzte Stück verläuft immer schön an der Saale entlang, immer mal leicht einen Meter hoch und den Meter wieder runter, mal über freies Feld, dann durch den lichten Auwald. Es zieht sich, wir fahren zügig und mit Motor. Die Unstrut kommt von links. Diesen Radweg sind wir schon gefahren. Damals war Naumburg unser Endziel, heute ist es nur Etappenziel. Unsere Pension liegt auf der anderen Seite der Stadt, wir fahren in einem großen Bogen um ganz Naumburg herum,

Die Pension 'Zum Pegel' liegt direkt an der Saale. Wir finden einen gut besuchten Biergarten mit Selbstbedienung vor. Der Wirt lässt uns kurz warten, zeigt uns dann unser Zimmer und stellt, nach dem Absatteln, mit uns die Räder in eine schon überfüllte Garage. Gerade so, dass die Tür noch zu schließen ist.

Die Zimmer, vermutlich ehemals Kellerräume, sind im Erdgeschoss, von außen separat zugänglich. Im Inneren riecht es muffig, als ob wir nach dem Winter die ersten Gäste wären und es noch nicht ausreichend gelüftet wurde. Und es ist sehr kühl, also erstmal die elektrische Heizung an. Es ist nicht unser Strom. Im Eingangsbereich befindet sich eine kleine Küchenzeile, nach links kommen wir in das Schlafzimmer mit zwei Einzelbetten, einem Tisch mit zwei Stühlen und einer Kommode gegenüber. Der Fernseher ist genau über dem Tisch angebracht, also am Tisch sitzen und in die Röhre gucken ist nicht! Im Eingangsbereich geradeaus ist das Bad. Dieses scheint frisch renoviert zu sein, hat allerdings zwei Macken. Die Toilette ist sehr hoch angebracht und damit eher für große Leute und das Quietschen der Schiebetür erinnert an einen aufgeschreckten Vogelschwarm. Wenn einer nachts raus muss, wissen auch die Nachbarn Bescheid. Naja gut, eine Nacht werden wir überleben.

Nach dem Duschen sitzen wir im Biergarten. Ich lege die Füße hoch, das tut gut. Auf der Saale ist nichts los, allerdings ist der Radweg gut besucht. Es ist Samstagnachmittag, da drehen offensichtlich einige ihre Runden mit dem Rad oder zu Fuß. Auch im Biergarten wechselt das Publikum öfter.

Wir wollen nochmal nach Naumburg-City. Erst einmal müssen wir einen kleinen Anstieg nach oben. Das sind zwar nur etwa zehn Höhenmeter, aber die Beine jammern trotzdem. Unsere Strecke führt an einem Edeka vorbei zum Dom. Dabei stelle ich erstaunt fest: Naumburg hat ja sogar eine Straßenbahn! Ein 'Original DDR-Eis', welches ich mir unterwegs gönne, ist leider nur eine Mogelpackung, nur Wasser!

Am Dom angekommen, verkneifen wir uns die je 9,50€ Eintritt, zumal nur noch

reichlich eine Stunde geöffnet ist. Ich lese den Hinweis, dass der Dom Eigentum einer gemeinnützigen Stiftung ist und keine Zuwendungen aus der Kirchensteuer erhält. Zu einem solchen Dom gehören mit Sicherheit weitläufige Ländereien, die jede Menge Pacht abwerfen, dazu die Eintrittsgelder und was weiß ich, was dieses NESCO-Weltkulturerbe noch für Einnahmen erzielt. Ein Konto für Spenden und Hilfen ist für alle Fälle auch angegeben.

Wir spazieren ein Stück um den Dom herum, durch ein paar kleine Gässchen und dann zurück zur Pension. Nicht ohne noch einen Boxenstopp bei dem Edeka einzulegen, Proviant für morgen bunkern!

Im Biergarten finden wir einen Tisch direkt am Radweg, der selbst direkt an der Saale entlangläuft. Wir bestellen am Tresen Essen. Für Ute gibt es Bratkartoffeln, für mich Schnitzel mit Cornflakespanade dazu Nudeln und Currysoße. Die Zusammenstellung kennt die Chefin zwar noch nicht, aber sie tut mir den Gefallen. Im 'Grünen Esszimmer' in Dresden hieß das ‚Schnitzel Napoli'. Sie gibt uns zusammen mit dem Bier einen Piepser mit, der anzeigt, wenn unser Essen fertig ist und geholt werden kann. Es dauert lange, dafür ist es frisch zubereitet und schmeckt.

Der Verkehr auf dem Radweg wird jetzt weniger. Wieder einmal stellen wir fest, dass mittlerweile fast alle mit Helm fahren. Und dann kommt doch die nächste Stufe: Ein Paar kommt mit E-Bikes, Stöcke im Kreuz und Helme mit Mikrofonen wie *Gold-Wing-Fahrer* [1]! Das wird das nächste 'must have'!

Eine Familie kommt vom Samstagsausflug zum Abendessen. Sie stellen ihre Bio-Bikes ab und setzen sich an den Nebentisch. Die Wartezeit verkürzt sie sich mit einem Mini Rummy Cube. Die Tochter, etwa elf Jahre alt, besteht immer wieder darauf, dass jeder die ausgelegten Steine ordentlich, in Reih und Glied und mit System auf den Tisch legt. Das ging eine ganze Weile gut, bis der Mutter der Kragen platzt und der typische elterliche Satz kommt: "Wenn du in deinem Zimmer nur einmal so ordentlich wärst, wie du es hier von uns verlangst!" Ich kann mir das Lachen nur schwer verkneifen.

Nach dem Essen gehen wir noch eine kleine Runde an der Saale. Wir kommen am Ruderclub vorbei, wo sich ein Pärchen mit sich selbst beschäftigt. Irgendwo höre ich einen Vogel zwitschern, den ich so noch nicht gehört habe. Die *BirdNet-App* [1] identifiziert ihn als Nachtigall. OK, wieder etwas gelernt.

Wir gehen zurück in unser Zimmer. Die Heizung zeigt Wirkung, es wird erträglich. Die Akkus sind geladen und damit schon fit für morgen. Das Softwareupdate auf Utes Display hat auch geholfen, ihre verbrauchten kcal stehen jetzt in einem vergleichbaren Verhältnis zu meinen. Und auch mein Navi, das auf der ersten Etappe noch an den Tropf musste, hält jetzt wieder locker den ganzen Tag.

Um nichts zu vergessen, tippe ich wieder den Tag mit dem Daumen ins Handy, was für eine Qual!

Somit geht wieder ein Tag zur Neige und es zieht Ruhe ein. Wenn nur das Quietschen der Schiebetür zum Bad nicht wäre!

Tag 7: Naumburg ↦ Halle

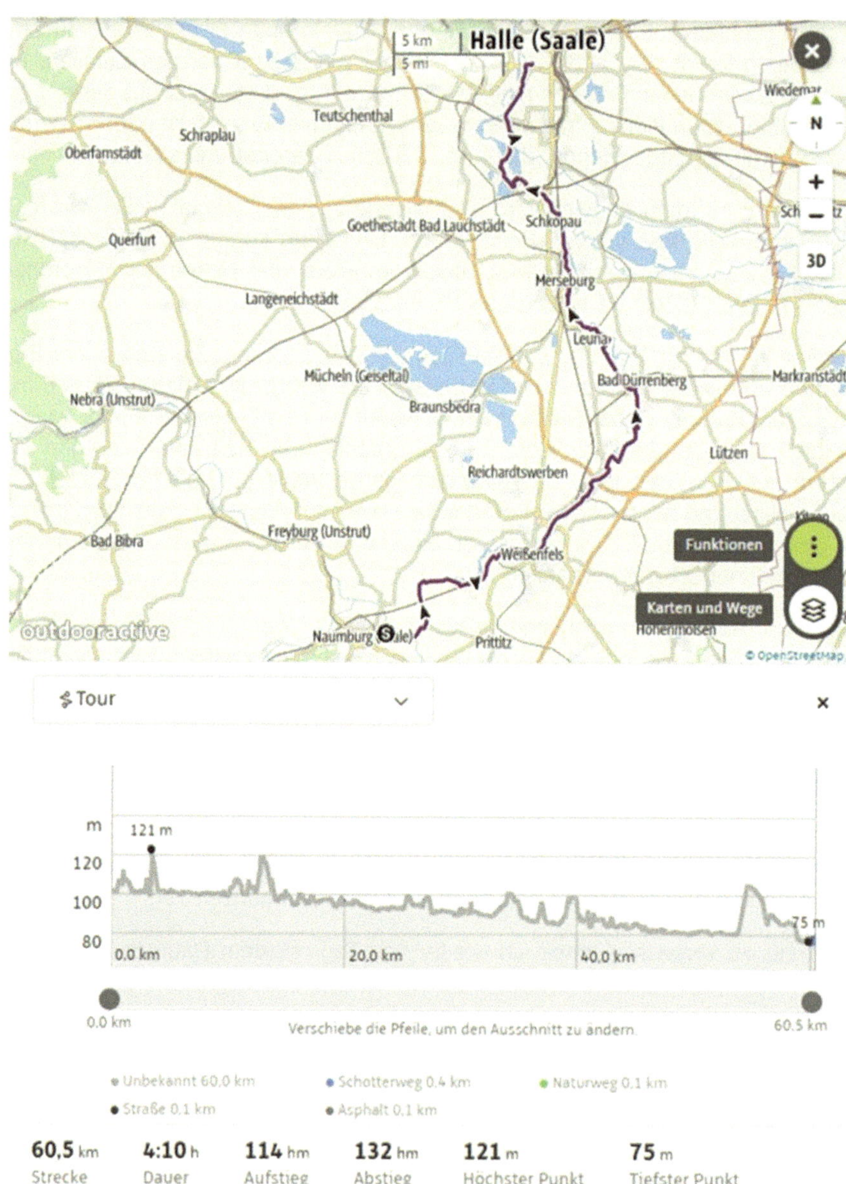

$ Tour ⌄ ✕

60,5 km	**4:10** h	**114** hm	**132** hm	**121** m	**75** m
Strecke	Dauer	Aufstieg	Abstieg	Höchster Punkt	Tiefster Punkt

Der Tag beginnt wie immer gegen acht. Wir frühstücken in aller Ruhe. Auch wenn es das Wetter gut mit uns meint, sitzen wir drinnen, es ist noch etwas frisch.

Wir halten noch einen kleinen Smalltalk mit der Chefin. Sie erzählt, sie macht immer das Frühstück für die Gäste und ist vormittags da, ihr Mann ist dafür abends bis zum bitteren Ende hinter dem Tresen. So richtig nach Familienleben klingt das nicht!

Die Räder haben die Nacht in der Garage gut überstanden. Die vollen Akkus rein, die gepackten Taschen drauf, das Navi starten und schon könnte es losgehen. Vorher lassen wir allerdings den Vogelschwarm nochmal aufsteigen. Das wird uns bestimmt nicht fehlen.

Die Beine haben sich wieder erholt. Es ist schon erstaunlich, abends hast du zu kämpfen, um über eine Schwelle zu kommen und wenn du früh aufs Rad steigst, merkst du fast nichts mehr.

Es läuft gut. Die Räder rollen. Die Strecke verläuft vorwiegend direkt an der Saale entlang. Beim Blick auf das Navi weiß ich, heute haben wir fast keine Steigung mehr, nur wieder ein paar kleine Anstiege mit zehn Metern Höhenunterschied. Wenn jetzt keiner durch einen Scherbenhaufen fährt, kann nichts mehr schief gehen.

Und dann sind wir in Weißenfels. Ich setze an, um eine Radlerin zu überholen und merke beim Antritt, wie das rechte Pedal irgendwie ins Leere geht. Es ist kein Druck zu spüren. Was soll das? Ich halte an, um der Angelegenheit auf den Grund

zu gehen. Der rechte Kurbelarm hat sich verdreht! Er dreht auf der Welle durch, ich kann ihn sogar mit der Hand wieder ein Stück zurückdrehen! Nein! Nicht hier auf der Tour! So kommen wir nicht weiter!

Der erste Gedanke: Worst Case! Die Tour endet hier! Der zweite: Wo sind wir? Wir sind in einer Stadt! Ich sehe den Bahnhof auf der anderen Seite der Saale! OK, also kommen wir auf alle Fälle mit den schweren Rädern und dem Gepäck von hier aus auch wieder nach Hause. Das ist erstmal gesichert. Der Schreck lässt so langsam nach.

Der *Instandhalter* in mir wird wach. Da es einen Notfallplan gibt, können wir uns das

Problem doch erstmal in Ruhe ansehen. Nur der rechte Arm ist betroffen, mit dem linken kann ich die Kraft bis auf das Hinterrad übertragen. Der Arm ist offensichtlich mit einer Verzahnung auf die Welle gesteckt und mit zwei Inbusschrauben geklemmt, so dass die Kraft übertragen werden kann. Da wird wohl die Verzahnung hinüber sein. Nur welche? Die der Welle, die des Kurbelarmes oder gar beide? Ich löse die erste Inbusschraube. An die zweite, gegenüberliegende, komme ich nicht ran, der Kettenschutz ist im Weg. Dazu benötige ich einen abgewinkelten Inbusschlüssel, habe jedoch nur so ein Komplettset, bei dem die Schlüssel nicht einzeln entnommen werden können. Den Kettenschutz bekomme ich auch nicht ab.

Ich schaue mich um. Wir stehen an einem Park. Auf der anderen Seite, vor einer Häuserzeile, steht ein Transporter. Wer einen Transporter fährt, ist ein Mensch mit handwerklichen Fähigkeiten und hat Werkzeug. Denke ich mir so. Der Versuch ist es Wert: Ich laufe hin und klingle einfach mal im Erdgeschoss rechts. Fast sofort geht die Haustür auf. Aha, die haben schon auf mich gewartet.

Als ich vor der Wohnungstür stehe, ist sie einen Spalt weit offen. Ich warte. Aus dem Inneren der Wohnung sind Stimmen zu hören, an der Tür allerdings tut sich nichts. Auf mein leichtes Klopfen reagiert auch niemand. Ich warte. Auf ein zweites Klopfen und ein "Hallo!", steckt eine erstaunte Frau den Kopf zur Tür heraus. Ich sage nur, ich brauche mal ein Werkzeug. Da dreht sie sich um, rüffelt ihren Sohn, da dieser offensichtlich die Tür geöffnet hat ohne sich anschließend darum zu kümmern, und schickt mir ihren Mann. Der Gute versteht mein Problem und gibt mir den Satz Inbusschlüssel.

Nun kann ich die hintere Schraube lösen. Mit einem Schraubendreher drücke ich den Spalt etwas auf und richte den Kurbelarm wieder aus. Dabei spüre ich jeden Zahn. Das tut schon richtig weh! Und nun die Schrauben wieder festziehen. Auf dem Arm steht '12-14 Nm'. Soll das heißen, die Schrauben sind mit einem Drehmoment von zwölf bis vierzehn Newtonmeter anzuziehen? Jetzt habe ich doch glatt den Drehmomentschlüssel vergessen! Was soll's, nach 'fest' kommt 'ab'! Also einfach bis kurz vor 'ab' anziehen.

Der Arm ist fest. Der Mechaniker in mir führt mich auf die andere Seite, beide Schrauben des linken Kurbelarms lassen sich nachziehen. An Utes Rad ist eine Schraube fest, drei lassen sich ebenfalls nachziehen. Irgendwie beruhigt mich das. Ich hoffe, dass die Ursache nur die lockeren Schrauben waren.

Die Inbusschlüssel bringe ich zurück und wir fahren weiter. Gleich geht es über eine Bogenbrücke, bei der ich schon mal kräftig reintreten muss. Der Arm hält. Alles gut!

Weiter geht es. Wir fahren über gut asphaltierte Radwege, löchrige Nebenstraßen, Kopfsteinpflaster in Dörfern und befestigten Wegen. Auf einem schon älteren Radweg merke ich ein bekanntes Problem: die Bäume am Wegesrand werden größer, strecken ihre Wurzeln aus und drücken damit den Asphalt zu unangenehmen Wellen hoch. Wie man eine so entstandene Buckelpiste wieder begradigen will, weiß ich auch nicht!

Etwa zur Hälfte, nach dreißig Kilometern, gönnen wir uns ein Mittagessen in der 'Neptunklause' bei Bad Dürrenberg. Beim Absteigen klemmt der rechte Schuh wieder. Und wieder ist es die Schraube am Schuh, die locker ist! Ich drehe sie fest. Was kommt denn heute noch?

Das Ausflugslokal hat einen schönen, großen Biergarten mit Überdachung und Grünpflanzen. Es ist gemütlich. Was mich verwundert, sind die wenigen Gäste am Sonntagmittag. Ein Abiturient, der seine Kasse etwas aufbessern will, bedient uns. Für uns bringt er Spargel mit Schnitzel und ein Ragout fin. Das Essen ist gut, der Preis OK. Die Vorbereitungen für den Ansturm zum Herrentag laufen hier auch schon. Ein großer überdachter Grill, umgeben von einem Rund aus Pavillons mit Bierzeltgarnituren, wartet auf viele zahlende Gäste.

Als wir weiter radeln, ziehen Wolken am Himmel auf. Der Regenradar ist der Meinung, alles wäre ruhig und trocken. Ich glaube ihm. In Leuna führt der Weg einen kleinen Hügel hoch, dann durch eine Wohnsiedlung weiter. Im Vorbeifahren sehe ich ein Schild an einem alten Fahrrad: '108 km Barby … Zell 295 km'. Demzufolge haben wir knapp drei Viertel der Strecke hinter uns, wenn das keine Motivation ist!

Da uns beiden der Hintern weh tut, machen wir in Merseburg, auf einem Waldweg am Ufer der Saale, noch eine Pause. Bis zum Ziel sind es noch etwa fünfzehn Kilometer und wir liegen, trotz Panne und Mittagessen, gut in der Zeit. Wir genießen die Ruhe, haben keine Eile.

Es geht weiter. Nach fünf Kilometern führt der Weg durch eine Bahnbrücke, die hier die Saale quert, und direkt danach scharf links, einen steilen Anstieg hoch. Also Turbo rein, runter schalten und treten.

AUS! ENDE! VORBEI!

Der Kurbelarm ist wieder weg! Ich kann gerade noch den Schuh aus dem linken Pedal klicken, bevor ich an der Steigung umfalle wie ein Mehlsack. Sch…!!! Das ist das Ende der Tour!

Ich schiebe das Rad nach oben bis auf Höhe der Gleise. Ein Pärchen zerlegt gerade ein DDR-Faltboot, sie haben keine Inbusschlüssel für mich. Da es eben ist, setze ich mich auf das Rad und klicke das linke Pedal ein. Vorne drücken, hinten ziehen, mit Klickpedalen und viel Adrenalin im Blut geht auch das. Aber nicht weit, nicht ewig.

Im nächsten Ort bekomme ich wieder einen Inbusschlüssel, richte das Pedal nochmals aus und ziehe die Schrauben wieder fest. Allerdings ist es schon beim ersten einfachen Treten wieder weg! Das war es nun endgültig!

Eine Frau läuft uns über den Weg. Ich frage nach dem Bahnhof. Sie guckt etwas verdattert und zeigt hinter uns. Danke, jetzt sehe ich auch das Schild, wir sind auf der 'Bahnhofstrasse'. Er ist nicht leicht zu sehen, aber nach etwa einhundertfünfzig Metern sind wir am Bahnhof Schkopau. Zehn Kilometer vor dem Etappenziel!

Auf dem Bahnsteig überdenken wir unsere Optionen. Das B&B-Hotel in Halle (Saale) lässt sich nicht kostenfrei stornieren, die Pension in Bernburg schon. Also werden wir noch eine Nacht in Halle bleiben, schließlich haben wir Urlaub. Und morgen ist Montag. Da wird beim Radhersteller bestimmt auch jemand erreichbar sein.

Nach einer knappen halben Stunde kommt der Zug von Naumburg, so wie wir. Er ist voll. Unsere Räder bekommen wir noch rein, wenn auch meins wieder einmal vor der Tür steht. Keinen interessiert es. Zumal es nur zwei Stationen bis Halle (Saale) Hauptbahnhof sind.

Dort angekommen, wollen wir mit der Tram zum Hotel. Vergiss es! Das ist hier nicht vorgesehen, maximal einen Rollstuhl kann man in der Tram mitnehmen, was ich bei den vielen Rädern, die hier am Hauptbahnhof parken, sogar nachvollziehen kann. Also zu Fuß zum Hotel. Es geht bergab, da kann man auch mal ein Stück rollen oder mit nur einem Pedal fahren.

Wir finden das Hotel unterhalb der Marienkirche. Ute bleibt erstmal bei den Rädern, während ich einchecke. Ich frage nach einem Abstellplatz für die Räder. "Die Räder können Sie in der dritten Etage im Fahrradzimmer abstellen." "Bitte wo?" Tatsächlich, wir fahren mit den Rädern in die dritte Etage und finden etwa in der Mitte des Ganges ein Zimmer mit einem richtigen Schloss. Der Schlüssel, den ich erhalten habe, passt sogar. Ich fasse es nicht! In diesem kargen Raum stehen bereits zwei Räder. Wir stellen unsere dazu, nehmen das Gepäck und die Tachos ab und schließen sie an. Die Akkus lassen wir in den Rädern, es ist noch reichlich Saft drauf.

Selbst bepackt wie Lastesel, fahren wir noch ein Stockwerk höher zu unserem Zimmer. Der Zimmerschlüssel ist ein sechsstelliger Zahlencode. Why not? Mein erster Weg geht unter die Dusche. Die ganze Sch... des Tages muss erstmal runter. Während Ute anschließend duscht, schreibe ich eine E-Mail an den Hersteller, mit Bildern und der Bitte um Rückruf am nächsten Morgen. Die Firma hat in der Nähe von Halle auch einen Händler, in Wolkenstein, Nähe Chemnitz, einen Service. Mal sehen, ob da morgen etwas geht, ansonsten bleibt nur die Heimfahrt.

Und nun? Wir gehen nochmal raus und bleiben in einem griechischen Biergarten kleben. Wenn auch das Essen nicht so besonders ist, die Bedienung ist nett und einen Ouzo gibt es auch.

Wir drehen noch eine kleine Runde über den Markt, sehen das Denkmal für den berühmtesten Sohn der Stadt, Georg Friedrich Händel, und kommen am Beatles-Museum vorbei. Zurück im Hotel lassen wir den Tag bei einem Absacker nochmal Revue passieren.

Konfuzius würde wohl sagen: "Wenn man sich alles nochmal durch den Kopf gehen lässt, dann ist es einfach nur zum ko...!"

Tag 8: Halle ➼ C

Noch vor dem Frühstück, gegen viertel neun, rufe ich bei *Hepha* an. Der Mann am anderen Ende versteht mein Problem. Er meint: Wenn der Kurbelarm auf der Welle durchdreht, dann kann nur der Arm kaputt sein. Der Arm ist aus Aluminium, die Welle ist aus Stahl. Ok, das leuchtet mir ein. Alu ist weicher als Stahl und gibt eher nach. Dementsprechend muss nur der Kurbelarm ersetzt werden. was nicht so schwierig sein kann. Weiter meint er: Da Hepha vorwiegend über seinen Webshop verkauft, sind sie mit der Garantieabwicklung sehr kulant. Ich solle in die nächste Fahrradwerkstatt fahren und dort das Rad reparieren lassen. Die Rechnung dann mit meiner Kontoverbindung an Hepha schicken, damit sie diese ausgleichen können. Mir fällt ein Stein vom Herzen! Auf unserem Spaziergang gestern Abend sind wir an einem Fahrradladen mit Werkstatt vorbeigekommen. Die werden es wohl richten und dann können wir die Tour fortsetzen. Er meint dann noch, etwas süd-östlich von Halle gibt es einen eingetragenen Hepha-Händler, mit dem er sich in Verbindung setzen wird, ob dieser helfen könne. Er wird sich nochmal melden. Auch gut. Auf zum Frühstück!

Frühstück im B&B-Hotel Halle! Das B&B steht für 'Bed & Breakfast', also Bett und Frühstück. Dann sollte das Frühstück eigentlich mit dabei sein, meint man. Bei der Buchung im März über Booking.com stand es allerdings für zehn Euro je Person extra drin, buch- und zahlbar direkt im Hotel. Und hier wollten sie jetzt zwölf-fünfzig dafür, ein Plus von fünfundzwanzig Prozent! Sorry, nein! Wir gehen nach nebenan zu REWE. Hier finden wir einen Bäcker, der neben frischen Brötchen auch Kaffee anbietet, Wurst holen wir im Markt und Ute zaubert noch einen kleinen Honig aus der Tasche. Alles da, alles gut. Wir lassen es uns schmecken.

Wann ist eigentlich auschecken? Auf unserer Zimmerkarte finde ich die Info: bis zwölf Uhr. Wenigstens das, da habe ich noch reichlich Zeit, um mich um mein Rad zu kümmern. Der Rückruf vom Hersteller kommt während des Frühstücks, der Händler hat keinen Kurbelarm. Schade.

Laut Website öffnet der von mir gewählte Fahrradladen um neun Uhr. Also das Rad aus der dritten Etage holen und nichts wie hin.

Da es nicht weit ist, schiebe ich das Rad. Im Laden schaut mich ein Verkäufer an. Er hat keine Ahnung, ob in der Werkstatt schon jemand da ist. Ich solle doch selbst mal nach nebenan gehen. Ja, die Tür lässt sich öffnen und es ist auch schon ein Mechaniker in der Werkstatt. Ob er helfen kann, weiß er nicht. Erstmal sehen, was kaputt ist. Irgendwie habe ich das Gefühl, hier ist wirklich Montagfrüh! 'Land der Frühaufsteher' nannte sich Sachsen-Anhalt einmal.

Ein zweiter Mechaniker kommt. Sie heben das Rad auf eine Montagevorrichtung und fachsimpeln: 'Es kann ja auch der Motor sein, oder die linke Seite ist defekt! '. Nein! Mit dem linken Pedal kann ich noch fahren! Sie prüfen, ich behalte recht. Sie schrauben den rechten Kurbelarm ab und stellen fest, dass auf der Welle kein Vierkant, sondern eine Verzahnung die Kraft überträgt.

"Sowas werden wir nicht auf Lager haben! Wer kauft denn auch im Internet so einen exotischen Mist!" meint einer der Herren.

Exotischer Mist!? Von Shimano, einem der führenden Entwickler und Produzenten von Fahrradteilen?! Sie wollen mich jetzt nicht wirklich verarschen?

Der andere schaut sich im Regal um und findet doch tatsächlich einen Kurbelarm mit dieser Verzahnung. Die Anprobe zeigt, dass er passt. Er zieht die Schrauben mit einem Drehmomentschlüssel fest, während der andere mein Klickpedal vom alten Arm abschraubt. Nichts geht über gediegene Teamarbeit zweier älterer Herren! Dieses Pedal, dessen Gewinde er noch einfettet, denn "Das ist ja total trocken!", will er am neuen Kurbelarm befestigen. Aber: "Das Gewinde am Pedal ist ja auch noch defekt! Es lässt sich nicht einschrauben!".

Mir wird schlecht! "Ist das eventuell ein linker Kurbelarm? Soweit ich weiß, haben die Seiten verschiedene Gewinde. Der linke Arm hat Linksgewinde, der rechte Rechtsgewinde, entsprechend der Tretrichtung."

Er schaut mich verdutzt an! Ist das neu für ihn? Wohl nicht ganz, denn er nickt und sieht bei genauem Hinsehen ein 'L' auf dem Arm. Da hilft auch ein Aufblasen der Backen nichts!

Sie bauen alles zurück und eiern rum wegen der Rechnung. Auch wenn sie nicht helfen konnten, haben sie doch Arbeit investiert und so. Ich lege fünf Euro für die Kaffeekasse auf den Tresen und verlasse die Herren Spezialisten.

Google Maps sagt mir, es existieren noch weitere Fahrradläden in der Nähe. Ich klappere sie alle ab. Der eine hat keine Kurbelarme mit Verzahnung, der andere repariert keine E-Bikes. Und die Uhr tickt.

Ich entscheide mich nun doch, zu *Fahrrad-XXL* zu fahren. Das geht zwar bergauf, am Bahnhof vorbei und dann nach ein paar Kilometer weiter, aber was bleibt mir übrig? Mit Turbo-Unterstützung und, dank Klickpedale, vorn drücken und hinten ziehen, komme ich auch mit nur einem Pedal recht gut voran. Problematisch ist nur: Wohin mit dem rechten Fuß? Und meine Gewohnheit ist, an Kreuzungen den linken Fuß abzustellen, um mit dem rechten beim Anfahren anzutreten. Den rechten Fuß stelle ich auf den Gepäckträger, stütze mich an der Kreuzung mit diesem ab, um dann mit links anzutreten. Was alles so möglich ist, wenn es sein muss!

Als ich bei *Fahrrad-XXL* ankomme, schläft mir das Gesicht ein. Vor dem Service steht eine Schlange von exakt elf Leuten mit Rädern! Wenn jeder von denen nur zehn Minuten braucht, um sein Problem zu erklären und einen Reparaturzettel auszufüllen, dann stehe ich hier zwei Stunden! Wenn ein paar Leute ihr Rad gleich reparieren lassen wollen, dann dauert es bis abends. Und weiß nicht, ob die mir hier soweit helfen können, dass ich weiterfahren kann.

Das ist das Ende der Tour!

Ich rufe Ute an. Wir vereinbaren, dass ich das Rad beim Bahnhof abstelle und mit der Straßenbahn zum Hotel komme, dann geht's nach Hause.

So wird es. Als ich im Hotel ankomme, hat Ute schon alles Gepäck in der Lobby. Ich hole ihr Rad aus der dritten Etage und verlade ihr Gepäck. Sie fährt mit dem Rad zum Bahnhof. Mein Gepäck nehme ich in die Hand und fahre mit der Tram.

Wir suchen uns eine Verbindung über Leipzig nach Chemnitz und haben noch genug Zeit, um auch noch Fahrrad-Tickets aus dem Automaten zu ziehen.

Nach einer halben Stunde mit der S-Bahn steigen wir in Leipzig Hauptbahnhof(tief) aus. Mit dem Fahrstuhl geht es nach oben und dann zum Gleis 23. Der Zug nach Chemnitz ist noch nicht da, soll aber fahrplanmäßig abfahren. Ich schaue mich um. Ab Gleis 24 ist ein Museum auf den Gleisen, mit alten Loks und Zügen und so.

Als unser Zug einfährt und ich die Räder in den Zug wuchte, weiß ich, dass das Gleis 23 eigentlich auch zum Museum gehört. Diese alten Züge der Reichsbahn der DDR, die sind doch bestimmt schon mehr als fünfzig Jahre alt! Da hilft es auch nicht weiter, dass sie damals die erste Klasse waren. Selbst ohne Gepäck habe ich Probleme, die Räder die drei Stufen hoch und durch die schmale Tür in das Fahrradabteil zu bekommen. Es riecht muffig und während der Fahrt ist es unangenehm laut! Obwohl der Zug sehr lang ist, ist er doch voll. Immer wieder kommen Leute durch und suchen freie Plätze.

Während wir so in Richtung Chemnitz fahren, leert Ute die Verpflegungsbox für uns und ich schaue nochmal auf das Handy. Irgendwie war doch in Wolkenstein, in der Nähe von Chemnitz, ein Servicepartner von Hepha. Ich kann nicht aufgeben! Wenn ich zu Hause das Rad auf das Auto schnalle, dorthin fahre und der mir einen neuen Kurbelarm anschraubt, dann können wir morgen, mit weniger Gepäck, wieder nach Halle und die Tour bis zum Ende fahren. Ein Tag länger! Was soll's, wir haben Urlaub.

Ich finde die Telefonnummer und rufe gleich an. Der Typ hört sich mein Problem an und möchte mir selbstverständlich auch helfen. Leider hat er keinen Kurbelarm auf Lager, denn die gehen ja nicht kaputt. Und bevor er einen bei Hepha bestellt, will er sich das Rad erst einmal ansehen. Ich kann erzählen, was ich will. Erst ansehen, dann wird bestellt! Das würde bedeuten, dass ich einmal vierzig Kilometer hinfahre. Er überzeugt sich persönlich von der Defektheit des Kurbelarms und löst eine Bestellung aus, während ich wieder vierzig Kilometer nach Hause fahre. Wenn er das Teil hat, dann fahre ich die Strecke nochmal. Das sind dann einhundertsechzig Kilometer. Nö, so nicht, dann nehme ich doch eher das Angebot an, das Rad irgendwo reparieren zu lassen und die Rechnung an den Hersteller zu senden.

In Chemnitz haben wir fünf Minuten zum Umsteigen. Zum Glück müssen wir durch keinen Tunnel, um den Zug in Richtung Hof zu erreichen. Ein paar Haltepunkte später verlassen wir den Zug in Grüna wieder. Hier schließt sich der Kreis. Den letzten Kilometer bis nach Hause schaffen wir auch noch. Ich trete immer noch nur mit dem linken Bein.

Zu Hause angekommen, die Räder weggeschlossen, die Taschen noch nicht ausgepackt trinken wir einen Kaffee. Dabei sinniere ich so vor mich hin: Wenn ich jetzt noch das Rad mit dem Auto zu *Fahrrad-XXL* in Chemnitz … "Nein! Jetzt ist Schluss!" Ute grätscht dazwischen, sie hat keine Lust mehr, zumal es auch gerade noch zu regnen beginnt. Ok, dann nicht. Dann schreibe ich eben noch eine E-Mail an Hepha, dass sie mir einen Kurbelarm schicken sollen und ich den hier in einer Werkstatt in der Nähe montieren lasse.

Etwas verschnupft beende ich auch innerlich die Tour. Die letzten beiden Etappen können wir auch mal an einem Wochenende nachholen.

In C

Vor zwei Tagen habe ich eine E-Mail an Hepha geschickt und darum gebeten, mir einen rechten Kurbelarm zuzusenden. Heute kommt die Antwort: Sie schicken mir das Teil nach Hause und entschuldigen sich nochmals für die Unannehmlichkeiten. Sehr schön, das ist doch schon mal etwas. Hoffentlich kommt das Teil noch vor Pfingsten hier an, denn dann wollen wir schon wieder mit den Rädern unterwegs sein.

Im Anhang finde ich ein Video. In einer sauberen Halle zeigt ein Techniker, wie er den rechten Kurbelarm wechselt. O-Ton: die beiden gegenüberliegenden Inbusschrauben lösen, Plastikschraube vorn mit einem 35er Torx oder 8er Inbus lösen und herausschrauben, Kurbel runter, dabei auf einen Gummiring achten, die neue Kurbel samt Gummiring aufstecken, die Plastikschraube gerade anfädeln und handwarm anziehen, die gegenüberliegenden Inbusschrauben mit dreizehn Newtonmetern festziehen. Fertig! Falls kein Drehmomentschlüssel vorhanden ist, einfach so fest wie möglich anziehen. Ja, so ungefähr hatte ich mir das vorgestellt.

Eine Woche später trifft das Paket ein. Das Erste, was ich sehe, ist ein Paar neue Pedalen. Ach nee, ich brauche doch den Pedal- oder Kurbel-ARM! Das Paket wird nicht viel leichter als ich die Pedale rausnehme. Und siehe da, da sind auch noch zwei Kurbelarme drin! Das ist ein komplettes Set!

Die Montage verläuft, wie im Video erklärt. Dazu brauche ich keine Werkstatt! In einer Viertelstunde ist es erledigt. Jetzt steht dem Kurztrip mit Rädern über Pfingsten nach Franken nichts mehr im Weg.

Unser Kurzurlaub verläuft ohne Pannen. Ob Regen oder Sonnenschein, bergauf und ab, die Räder erledigen ihren Job klaglos.

Kleines Erlebnis am Rande: Ein Zwischenziel auf einer unserer Radtouren in Franken war ein Brauereigasthof. Leider ist er geschlossen, als wir vorfahren. Im Weiterfahren schaue ich mich nochmal um und sehe im Hof eine Gruppe Wanderer mit Rucksäcken stehen. Wir stoppen und ich schaue mir das genauer an! Und tatsächlich bringt der Brauer den Leuten gerade eine Ladung gut gekühltes Flaschenbier. Auch wir bekommen wie selbstverständlich unseren Gerstensaft. Ich liebe die Franken!

Und nun? Wann fahren wir den Saaleradweg zu Ende? Ein Blick auf den Kalender bringt Ernüchterung, viele Wochenenden sind nicht mehr frei. Uns bleibt fast nur der 15./16.Juni oder dann erst wieder im Juli oder gar August.

Ich ändere unsere Route. Der neue Startpunkt wird Schkopau, da wir ja von dort mit der Bahn nach Halle gefahren sind. Dort gibt es auch ein paar kostenfreie Parkplätze. Das bedeutet: Samstag früh mit dem Auto nach Schkopau, von dort mit den Rädern über Halle nach Bernburg und am Sonntag weiter nach Barby zur Mündung. Dann zurück nach Gnadau, mit dem Zug über Halle wieder nach Schkopau, die Räder verladen und nach Hause. Das sind Touren von einmal siebzig und einmal fünfzig Kilometern.

Soweit so gut. Fehlt noch die Übernachtung in Bernburg. Die brauche ich nicht suchen. Ute möchte lieber zweimal sechzig Kilometer fahren. Sie sucht selbst und findet in Alsleben die Pension und Restaurant 'Zur alten Werft'. Von mir aus. Die Website ist vielversprechend, geräumige, helle Zimmer und gehobene Gastronomie. Man muss sogar einen Tisch reservieren, um dort essen zu können. Ich passe die Navi-Touren entsprechend an.

Am Vorabend packen wir unsere Taschen. Da wir diesmal nur eine Übernachtung haben, brauchen wir nur kleine Packtaschen. Das Ladegerät kann auch zu Hause bleiben, nur einhundertzwanzig Kilometer und keine Berge. Ich packe es trotzdem ein. Besser man hat als man hätte. Der Wettercheck verläuft auch positiv. Also schnalle ich die Räder auf den Kupplungsträger und stelle den Wecker auf halb sieben.

Tag 8a: C ↠ Alsleben

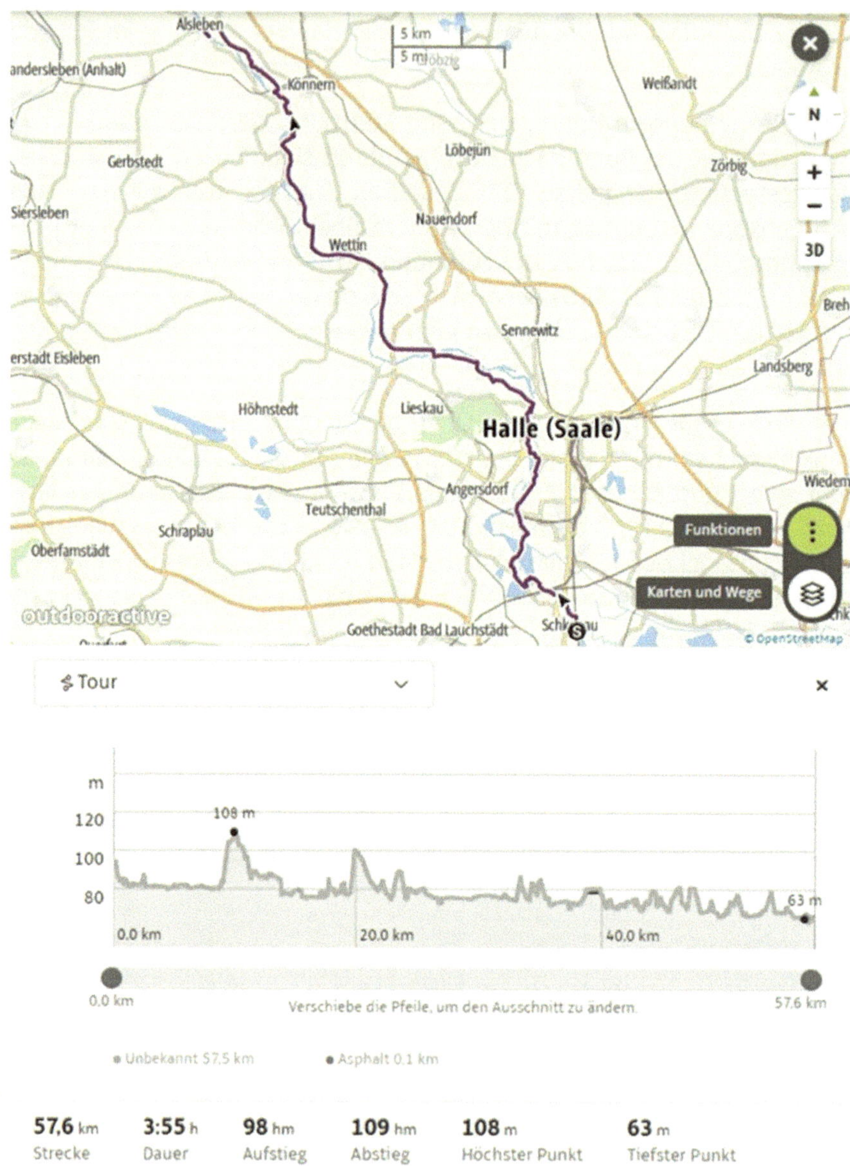

57,6 km	**3:55** h	**98** hm	**109** hm	**108** m	**63** m
Strecke	Dauer	Aufstieg	Abstieg	Höchster Punkt	Tiefster Punkt

Wie geplant, starten wir gegen halb acht, so sind wir um neun in Schkopau. Es ist leicht bewölkt und nicht zu kalt. Super Wetter zum Radfahren.

Leider hält dieses Wetter nicht lange an. Schon kurz nach Penig fängt es an zu spritzen. In Borna schaffen es die Scheibenwischer kaum noch, das Wasser von der Scheibe zu bekommen. Na großartig, davon war beim gestrigen Wettercheck so gar keine Rede! Wir fahren trotzdem weiter. Alles, was jetzt runterkommt, kann uns nicht mehr auf den Rädern erwischen.

Je näher wir unserem Etappenstart kommen, desto mehr lässt der Regen nach. In Schkopau regnet es nur noch wenig und der Regenradar ist der Meinung, es wäre schon vorbei. Wenn das nur auch der Regen sehen könnte!

Wir steigen aus und machen bei leichtem Nieselregen die Räder startklar. Der Kupplungsträger verschwindet im Kofferraum. Und dann geht der Regen nochmal richtig los.

Wir setzen uns ins Auto. Die Räder bleiben im Regen stehen. Jetzt können die Packtaschen beweisen, dass sie regendicht sind. Und wieder checke ich den Regenradar. In einer viertel Stunde soll alles vorbei sein. Auch beim Herauszoomen ist kein weiterer Regen in Sicht. Soll ich das glauben? Was bleibt mir übrig!

Nach weiteren zehn Minuten ist es vorbei. Der Regen ist durch! Also Auto zu, auf die Räder und los!

Die erste Station ist ein Haus nach nur circa einhundert Metern. Der Hausherr hat mir auf der ersten Tour mit einem Inbusschlüssel geholfen. Auch wenn ich den Kurbelarm nicht mehr fest bekommen habe, will ich mich dankbar zeigen und ihm eine Büchse tschechisches Starkbier geben. Leider macht keiner auf. Schade. Aber die Büchse einfach so über den Zaun werfen will ich auch nicht, zumal er ja dann nicht weiß, woher sie kommt. Dann packe ich sie eben wieder ein und trinke sie später auf sein Wohl selbst.

Wir erreichen den Saaleradweg ein paar hundert Meter vor der Eisenbahnbrücke über die Saale. Als wir die Brücke erreichen, steigen wir ab und schieben diesmal die Räder. Es geht nur zwei Meter steil nach oben, dann, mit Kopf einziehen, wieder auf die andere Seite unter der Brücke zurück und dann nochmal zwei Meter hoch auf Gleishöhe. Von dort führt ein schmaler Weg auf der Brücke, parallel der Gleise auf die andere Seite der Saale. Dort wieder runter auf eine Asphaltstraße, der wir nun in Richtung Halle folgen.

Es wird warm und die Feuchtigkeit steigt aus den Wiesen und Feldern, die wir durchqueren. Die Straßen trocknen auch recht schnell.

Vor Halle wartet die größte Steigung auf uns. Sie beginnt direkt nach einer Brücke. Auf einem extra breiten Radweg müssen wir jeden einzelnen der achtundzwanzig Höhenmeter bei normaler Steigung aufwärts klettern. Ach ja, wozu hat man denn ein E-Bike?

Soweit, so entspannt. Doch jetzt ist der Saaleradweg gesperrt und eine Umleitung ausgeschildert. Warum ist der Weg gesperrt? Keine Ahnung, keine Info! Wir folgen der ausgeschilderten Umleitung entlang einer Gartenanlage, am Haltepunkt Halle/Südstadt geht es auf die andere Seite einer Bahnlinie, durch den Südstadtring. In einer Parkanlage verliert sich die Umleitung. Eine Weggabelung und keine Umleitungsschilder mehr. Wohin jetzt?

Ich hasse diese Tourifallen! Nur gut, dass ich mein Navi habe. Dieses führt uns wieder zur geplanten Route. Sie führt entlang einer Hauptstraße, biegt dann nach links ab, über eine Brücke wieder direkt an der Saale entlang. Auf der anderen, rechten Seite der Saale sehen wir gut sanierte Altbauten, an der Saale Bootshäuser und private Anlegestellen. Wer sich's sich leisten kann!

Und wieder müssen wir einen Saalearm queren. Nur wird hier eine neue Brücke gebaut. Außer Straßenbahnen darf hier nichts fahren. Da auch andere Radler die Brücke nutzen, fahren auch wir darüber. Auf der linken Seite führt uns das Navi wieder runter zur Saale und dort durch einen Park weiter. Und wir finden auch wieder Markierungen des Saale-Radweges. Also sind wir auf dem richtigen Weg. Eine Parkeisenbahn gibt es in Halle auch. Wir überqueren deren Gleise auf dem Weg zur nächsten Saalebrücke. So langsam müssen wir doch alle Brücken überquert haben!

Eine Promenadenstraße führt uns zur Burg Giebichenstein. Hier wartet die nächste Brücke. Allerdings führt der Radweg darunter hindurch und direkt danach über Treppen nach oben. Glaube ich nicht. Radwege und Treppen? Wir fahren weiter, in einem Bogen um die Burg, durch enge Straßen mit Kopfsteinpflaster, von genervten Autofahrern bedrängt. Hier sollte man die Streckenführung nochmal überdenken.

Wieder auf der linken Saaleseite folgt nochmal ein Anstieg, dann wird die Gegend ländlicher. Als wir das Klärwerk passieren, weiß ich, wir sind durch Halle durch.

Ein gut asphaltierter, schmaler Weg führt in Richtung Fähre Brachwitz. Dort angekommen legt gerade die Fähre an. Eine Gruppe E-Biker schiebt ihre Räder darauf. Damit ich nicht den nachfolgenden PKWs im Weg stehe, stelle ich mich ganz nach vorn. Intuition oder einfach nur Glück? Während der Überfahrt kommt von West ein Unwetter auf uns zu. Ich entscheide, das Vordach des Fährmanns Häuschen als Schutz zu nutzen. Kaum stehen wir, neben einer Bank und einem Moped, darunter, beginnt auch schon das Unwetter. Die andere Radlergruppe schaut etwas neidisch-verdutzt zu uns, merkt aber, dass sie keinen Platz mehr haben, und sucht den nächsten Baum.

Wir nutzen die Pause zu einem kleinen Picknick. Ein paar Paprika-Knacker und das Bier, welches der Gute in Schkopau nicht bekommen konnte, schmecken bei so einem Wetter besonders gut.

Mit der nächsten Fähre kommt noch ein E-Biker-Paar. Wir rücken noch etwas enger zusammen und sie quetschen sich auch noch mit unter das Dach. Sie kommen aus dem Norden, irgendwo bei Bremen und machen ihre erste Tour ‚in den Bergen'. Um das erst einmal auszutesten, sind sie in Saalfeld gestartet. Damit haben sie einen sehr schönen Teil des Saale-Radwegs verpasst!

Nach einer halben Stunde ist das Unwetter vorbei und wir können weiterfahren. Wir umfahren eine Brückenbaustelle. So gerade wie sie ist, mit vielen Stützen die Flussaue überquert und dahinter in einem Tunnel verschwindet, könnte es sich um eine neue ICE-Strecke handeln. Bei Recherchen stelle ich allerdings fest, dass es die A143, die Verbindung von der A14 auf die A38, wird. Damit bekommt Halle einen geschlossenen Autobahnring, wie komfortabel!

Kurz vor Wettin biegt der Radweg in einen Wald ab. Hier ist das Unwetter glücklicherweise nicht niedergegangen, der Weg ist trocken. Es geht über Wurzeln. Der Weg ist doch wohl eher für Pilzsammler als für Radfahrer gedacht! Und zu allem Übel holen wir noch ein altes Ehepaar ein, die fast umfallen, so langsam sind sie. An ein Überholen ist nicht zu denken, und sie haben auch keine Möglichkeit, uns mal vorbeizulassen, weil es so eng ist. Wir gedulden uns, irgendwann ist der Weg zu Ende.

Die Burg Wettin, so wie man sie vom Radweg aus sieht, ist schon ein imposantes Bauwerk. Wir fahren trotzdem vorbei. Im DDR-Geschichtsunterricht kamen die Wettiner nicht vor, oder ich war gerade krank. Eventuell ist das mal eine Extra-Reise, um diese Geschichtslücke zu füllen.

Wir bleiben rechts der Saale. Es wird etwas hügeliger, mal geht es zehn Meter hoch, dann wieder runter. In Georgsburg, nach etwa fünfzig Kilometern, legen wir nochmal eine Rast ein. Wir sind sehr gut vorangekommen. Unser Rastplatz ist direkt unterhalb der Saalebrücke bei Könnern. Hier sehen wir, wer und was alles noch so auf dem Radweg unterwegs ist. Unter anderem auch einer mit einem Liegerad und Gepäck, seine Partnerin fährt ein normales Bio-Bike. Auf den nächsten Kilometern überholen wir die beiden an einem kleinen Hügel. Er hat zu tun, in Fahrt zu bleiben. Sie muss langsam hinterherfahren und kippt auch fast um. Selbst gewähltes Elend!

Alsberg liegt auf der anderen Seite der Saale. Wir überqueren eine Brücke und rollen ein Stück zurück zu unserer Pension 'Zur alten Werft'. Noch eine kleine Auf-fahrt, dann sind wir da. Eine Tür steht offen, es erfolgt gerade eine Verabschie-dung. Die junge Frau schaut uns fragend an. Ich nenne unseren Namen und dass wir reserviert hätten. Ja, alles klar, bitte bis zur nächsten Tür fahren. Wir schieben das Stück.

Die Frau kommt raus. Hier ist die Pension, da vorn die Gaststätte. Die Pension führt sie, die Gaststätte ihre Mutter. Alles klar. Sie erklärt uns, wo die Räder hin-kommen und zeigt uns unser Zimmer. Es ist finster, vor dem Fenster ist eine dichte Wand aus Grünzeug! "Ohne Licht geht hier nichts." stelle ich fest. Sie muss mir zustimmen. Ich frage sie, ob wir zur Gaststätte, in der wir gleich ein Ankommen-Bier trinken möchten, außen rum müssen, oder ob wir gleich durch das Haus kön-nen. Wir können durch das Haus und auf dem Weg dorthin ist rechterhand auch gleich der Frühstücksraum.

Wir wechseln zumindest erstmal die Schuhe und gehen zur Gaststätte. Nachmit-tags um drei ist sie leer. Wir setzen uns in den Biergarten, der in Richtung Auffahrt gelegen ist, und schauen uns um. An der Tür ist ein Schild befestigt: 'Wegen Krankheit geschlossen'. Aha. Die Chefin kommt trotzdem und wir bestellen zwei Bier. Radeberger steht auf der Karte, die sie uns hinlegt. Na großartig!

Sie stellt uns das Bier hin und meint, wenn wir etwas essen wollen, kann sie den Beikoch einbestellen, der etwas für uns zubereitet. Wir müssten nur sagen, wann wir essen wollen. Nein, wir wollen nichts essen. Der Beikoch kommt extra wegen uns! Das heißt, wir sind die einzigen Gäste und dann warten alle, dass wir endlich unser Bier austrinken und gehen: Nein, das wollen wir nicht. Wir bedanken uns für das Angebot und bezahlen gleich das Bier. Eine schöne Website. Und dann stellt sich heraus, dass man eine halbe Stunde vorher einen Tisch reservieren muss, damit der Beikoch Zeit hat, um auf Arbeit zu kommen!

Wir fragen bei Google Maps nach und finden eine Dorfgaststätte mit dem stolzen Namen 'Zum Goldenen Löwe', etwa sechs Kilometer den Saaleradweg zurück. Ute ruft an und fragt, ob geöffnet ist und will einen Tisch reservieren. Offen ist, eine Reservierung nicht notwendig. Wir sollen einfach kommen.

Nach dem Duschen und einer kleinen Ruhephase, holen wir unsere Räder wieder und fahren erstmal zu Penny. Der übliche Proviant für den heutigen Abend und den nächsten Tag. Von dort fahren wir gleich weiter zur Gaststätte. Ohne Radlerhosen ist der Sattel sehr hart, auch wenn es nur sechs Kilometer sind.

Wir finden den 'Zum Goldenen Löwe' in der Ortsmitte von Trebnitz. Der Saaleradweg führt nicht durch den ganzen Ort, sondern streift ihn nur. So haben wir die Gaststätte am Nachmittag nicht gesehen. Es gibt keinen Biergarten, Schade eigentlich. Keine Karte draußen, dafür die Öffnungszeiten: Dienstag, Freitag und Samstag von fünf bis zehn Uhr abends.

Beim Eintreten bemerken wir, dass hier geraucht wird. Hm. Umkehren? Wenn ja: Wohin dann? Neben dem alten Wirt ist nur ein Gast da. Was soll's, eigentlich sollte er nicht mehr rauchen, wenn andere Gäste im Raum sind. Der Wirt zeigt in den Raum, freie Platzwahl. Wir setzen uns etwas abseits an einen Tisch. Hier stört der Rauch nicht mehr, offensichtlich gibt es eine gute Lüftung.

Der Chef bringt die Karte und erklärt, dass er eigentlich Rentner ist und die Gaststätte mehr oder weniger noch als Hobby betreibt. Dies macht sich auch auf der Karte bemerkbar. Das Bier steht in der 0.2l-Variante für 80 Cent drin. Das Essen um die zehn Euro und Schnaps, inklusive Whiskey, für eins fünfzig je 4cl. Da stört der Rauch nicht mehr.

Ute bestellt ein Schnitzel mit Pilzen und Spiegelei, dazu Bratkartoffeln, ich bestelle ein Bauernfrühstück, und zwei große Bier, irgendein Ruhrpott-Bier. Es lässt sich trinken, ist etwas anderes als das Radeberger.

Zwei weitere Gäste kommen ins Lokal. Noch nach alter Sitte wird zur Begrüßung auf den Tisch geklopft. Sie setzen sich an den Tresen und an den Tisch des anderen Gastes, und rauchen auch. Wir erfahren einiges vom Dorfklatsch, was uns eigentlich nicht interessiert, während wir auf das Essen warten.

Dieses Essen ist frisch zubereitet und schmeckt entsprechend lecker. Noch ein zweites Bier für mich und zum Abschied zwei Whiskey. Wir sind satt und zufrieden. Als die Rechnung kommt, wissen wir, warum die Einheimischen nur kleine Bier bestellen. Das Kleine kostet 80 Cent, das Große (0.4l!) zwei Euro! Aber worüber wollen wir uns beschweren? Die ganze Rechnung beläuft sich auf gerade mal dreißig Euro. In anderen Gaststätten bezahlt das jeder einzelne.

Der Heimweg ist kurz, wir fahren die Strecke ja heute schon zum dritten Mal.

Wir stellen die Räder wieder ein. Dabei bemerke ich zwei weitere Räder in diesem, sagen wir mal Pavillon. Aha, wir sind doch nicht die einzigen Übernachtungsgäste.

Ute ist es zu finster in unserem Zimmer, sie geht nochmal raus, spazieren. Ich lasse den Abend mit Fußball ausklingen, schließlich ist gerade die Europameisterschaft in Deutschland. Schöner wäre es sicherlich in einem Biergarten, ist hier aber nicht.

Nebenbei tippe ich wieder meine Notizen ins Handy. Dabei fällt mir auf, wir fahren an diesen beiden Tagen laut Navi 117,9km. Wenn ich die zehn Kilometer von der Mündung zum Bahnhof nach Gnadau abziehe, komme ich auf 108km! Stand da nicht kurz vor Schkopau so ein altes Fahrrad mit dem Hinweis ‚Barby 108 km‘?! Leider habe ich es beim Vorbeifahren nicht fotografiert. Trotzdem entsteht vor meinem geistigen Auge ein Cover.

Tag 9a: Alsleben ➥ Barby ➥ Chemnitz

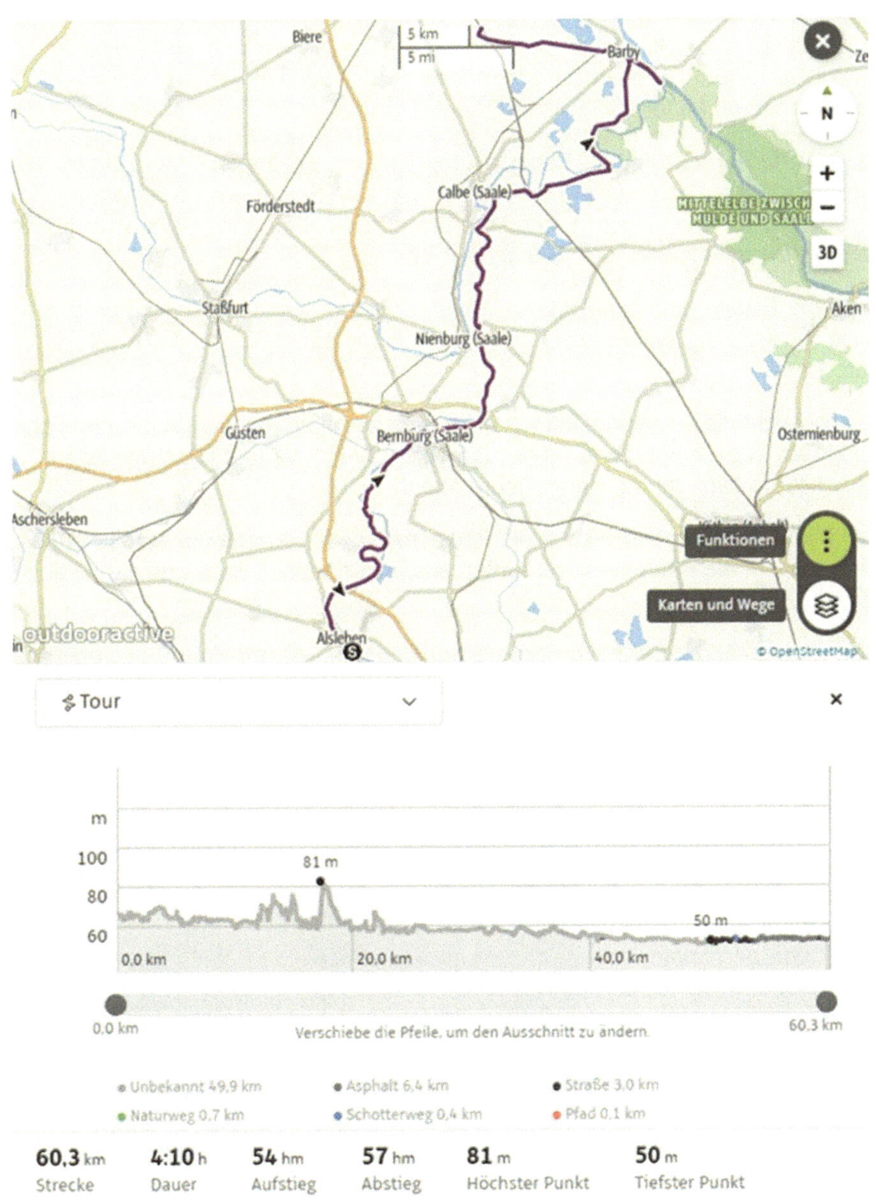

60,3 km	4:10 h	54 hm	57 hm	81 m	50 m
Strecke	Dauer	Aufstieg	Abstieg	Höchster Punkt	Tiefster Punkt

Auf zur letzten Etappe. So finster unser Zimmer auch ist, als wir beim Frühstück sitzen, scheint die Sonne durch die Fenster. Das wird nochmal eine entspannte Etappe.

Das Frühstück ist ok. Nichts Besonderes, jedoch ist Meckern auch nicht angebracht. An einem Nachbartisch sitzen zwei Frauen, denen gehören sicherlich die beiden anderen Räder im Pavillon.

Es folgt das übliche Ritual: Räder holen, Taschen anhängen, Navi starten. Die Strecke ist sehr flach, nur in Bernburg ist mal eine Spitze von etwa zwanzig Höhenmetern zu überwinden. Lächerlich! Die Akkus haben noch etwa achtzig Prozent. Wozu schleppe ich das Ladegerät mit?

Auch die Frauen holen ihre Räder. Wir unterhalten uns kurz. Sie sind gestern in Halle gestartet und wollen heute auch noch bis zur Mündung nach Barby. Na dann, gute Fahrt.

Ute begleicht die Rechnung und schon kann es losgehen. Bereits nach kurzer Fahrt überholen wir die Frauen auf ihren Bio-Bikes. Wenn sie ihre Geschwindigkeit so beibehalten, dann fahren sie bis heute Abend.

Der Radweg ist gut asphaltiert, die Räder rollen. Wir queren die Autobahn A14. Aha, so sieht die Brücke also von unten aus, sonst kenne ich sie nur vom Drüberfahren.

Bei Plötzkau führt der Weg um einen alten Saalearm, der die Form eines übergroßen Omegas hat. Das scheint ein Paradies für Angler zu sein, von denen einige hier am Ufer stehen.

Drei Kilometer weiter überqueren wir die Saale und fahren auf Bernburg zu. Der Weg führt direkt an der Uferpromenade entlang. Das Schloss thront darüber. Später erinnert mich meine Tochter daran, dass sie uns hier einen großartigen Biergarten empfohlen hat, die "Gaststätte Reimann". Diese ist eine lokale Instanz und neben Bier gibt

es auch Kleinigkeiten zum Essen für wenig Geld. Und wohl auch Soleeier, eine lokale Spezialität.

Wir passieren die Schleuse Bernburg, dann geht es rechts ab und ordentlich nach oben. Kein Problem, den Turbo rein und die Räder fahren fast von allein. Trotzdem schade, dass ein Industriepark dem Radweg diesen Haken aufzwingt, denn nun geht es wieder leicht bergab aus der Stadt, der Mündung entgegen.

In irgendeinem kleinen Dorf ist ein Feuerwehrfest. Die Kleinen dürfen an den großen Geräten spielen, die Erwachsenen trinken Bier oder essen etwas. Eine Gulaschkanone steht auch da. Es gibt Linsen mit Bockwurst. Da tropft mir doch glatt der Zahn. Wir legen eine Rast ein und ich stelle mich an. Als ich allerdings mitbekomme, dass es nicht vorwärts geht, weil die Leute an der Kelle nicht die Schnellsten sind und sich immer wieder der eine oder andere bei Bekannten in der eh schon langen Schlange einschleichen, hört der Zahn auf zu tropfen. Eine halbe Stunde nach ein paar Linsen anstellen, so hungrig bin ich nicht. Wir fahren weiter.

Die Saale mäandert vor sich hin, ein Zeichen, dass sie kaum noch Gefälle hat. Der Radweg kürzt ab und verbindet die Schlingen fast direkt. Der Hochwasserschutz, der mir bisher nicht groß aufgefallen ist, ist hier allgegenwärtig.

In Trabitz finden wir einen kleinen Radler-Rastplatz und machen eine Pause. Ein Schild weist auf die Öffnungszeiten der Fähre in Groß Rosenburg hin. Danke für die Info. Wenn man selbst nicht fährt, sieht man auch wieder, wie viele Radler so in Richtung Barby unterwegs sind. Es fahren einige Paare mit Gepäck vorbei.

Das nächste Stück bis zur Fähre führt über einen Plattenweg. Uns kommt ein Auto entgegen. Zum Glück sind wir gerade an einer Ausweichstelle, denn der Fahrer nutzt die erlaubten 30 km/h für jedes einzelne Rad! An einer kleinen Bodenwelle hebt es ihn regelrecht aus! Die Eingeborenen wissen, dass es hier keine Polizei gibt und die Straßen weit geradeaus verlaufen.

Mit der Fähre queren wir ein letztes Mal die Saale. Der Fluss ist hier nicht sehr breit, entsprechend hoch ist die Fließgeschwindigkeit.

Im nächsten Ort, in Werkleitz, schlägt die Touri-Falle wieder zu. Der Saaleradweg ist gesperrt. Bitte der ausgeschilderten Umleitung folgen. Etwas ratlos bleiben wir stehen. Der Umleitung folgen oder einfach versuchen durchzukommen. Wir entscheiden uns für die Umleitung, so weit kann es ja eigentlich nicht mehr sein.

Da wir uns immer weiter von der eigentlichen Route entfernen, frage ich im nächsten Ort eine Frau, die gerade einen Transporter entlädt, nach dem Weg. Nach einem Rüffel, weil ich das 'Guten Tag' vergessen habe (Lehrerin?!?), erklärt sie mir, dass es zwar eine Baustelle gibt, aber dort am Wochenende nichts passiert.

Dementsprechend sollte man mit dem Rad durchkommen. Auch eine detaillierte Wegbeschreibung erhalte ich noch. Artig wie ich bin, bedanke ich mich ganz herzlich und wünsche ihr noch einen schönen Sonntag. "Auf Wiedersehen". Sie strahlt. Und wir folgen der beschriebenen Strecke. Auch das Navi weiß, wo wir sind, und zeigt mir den Weg zur Route.

Wir passieren die Baustellen. Auf und neben dem neuen Deich werden Wege asphaltiert. Teilweise sind sie schon fertig, teilweise fahren wir noch auf dem Schotteruntergrund. Wenn hier gearbeitet wird, dann kann ich mir schon vorstellen, dass man keine Radfahrer zwischen den Baumaschinen haben will. Aber am Wochenende, so wie heute am Sonntag, kann man die Durchfahrt für Radler schon ermöglichen. Meine ich!

Wir umfahren Barby an der Südostspitze und nehmen die Straße zur Elbfähre. Dort rechts abbiegen und nochmal fünfhundert Meter, dann haben wir die Mündung der Saale in die Elbe und damit unser Ziel erreicht.

Wir fahren bis zu einem Rastplatz und einer Infotafel, stellen die Räder ab und vertreten uns erstmal die Beine. Ich denke, wir können schon stolz auf uns sein, dass wir das noch durchgezogen haben.

Am Tisch sitzen ein paar junge Leute, die sich auf Englisch unterhalten. Auch sie sind offensichtlich länger unterwegs, denn auch an ihren Rädern hängen Packtaschen.

Da sie gerade aufbrechen, setzen wir uns und machen Mittagspause.

Nach einer Weile setzen

sich zwei Frauen, um die vierzig, zu uns. Dem Gepäck nach sind sie quer durch Europa unterwegs. Wir kommen ins Gespräch. Sie sind gestern in Halle gestartet, bis Bernburg gefahren und heute geht es noch die Elbe weiter bis Magdeburg und von dort wieder nach Hause. Sie müssen morgen, genau wie wir, wieder arbeiten. Aha, dafür das Gepäck!

Genug erholt. Wie kommen wir jetzt wieder zu unserem Auto? Ich frage den DB-Navigator. 14.52 Uhr fährt ab Gnadau ein Zug nach Halle, von dort etwa zwanzig Minuten später die S-Bahn in Richtung Schkopau. Das ist doch genau das, was wir brauchen.

Wir packen zusammen und machen noch ein paar Fotos von der Mündung. Auf der anderen Elbseite braut sich ein Unwetter zusammen. Das scheint uns aber nicht zu treffen.

Und los geht es. Die letzten zehn Kilometer bis zum Bahnhof. Ich schaue auf die Uhr meines Tachos: 14.22 Uhr. Äh, noch genau eine halbe Stunde für zehn Kilometer. Bisher sind wir immer so 20 - 22 km/h gefahren. Da darf nichts schiefgehen, keine Ampel auf Rot sein, kein versehentliches Verfahren! Sonst warten wir eine Stunde auf den nächsten Zug.

Ich fahre vorneweg. Wir kommen gut durch Barby. Aber um ein kleines Polster zu haben, müssen wir einen Zahn zulegen. Die Straße verläuft fast schnurgerade, der Radweg ist voller Pfützen. Hier hat es gerade erst geregnet. Der Wind kommt von vorn. Die Akkus haben noch reichlich Power. Ich schalte in den Tour-Modus, Ute nimmt den Turbo. Sie beschwert sich über die Nässe, die mein Hinterrad aufwirbelt. Sorry, gleich geschafft. Wir halten die Geschwindigkeit bei fünfundzwanzig und können ein kleines Zeitpolster aufbauen. Vier Minuten vor der Abfahrt des Zuges erreichen wir den Bahnhof. Eigentlich ist es nur ein Haltepunkt. Hier möchte ich nicht unbedingt eine Stunde stehen und auf den nächsten

Zug warten, zumal es anfängt, leicht zu regnen. Ute holt noch zwei Kümmerlinge aus der Tasche. Die Gute!

Der Zug hält mit einem leeren Radabteil genau vor unserer Nase. Einsteigen, Räder sichern, ab nach Halle. Hier wechseln wir in Ruhe den Bahnsteig. Unser Zug, der erst aus Naumburg kommt, hat noch etwas Zeit bis zur Einfahrt. Dann sind wir die ersten, die einsteigen. Ein paar Männer stellen ihre Räder später noch in das Abteil. Alles entspannt. In Schkopau verlassen wir den Zug.

Die Fahrstühle sind außer Betrieb! Also nochmal eine Kraftsportübung, die Räder eine Treppe hochwuchten. Das Auto steht noch wie abgestellt. Fix sind die Räder verstaut und gesichert. Und ab geht es nach Hause.

Auf der Heimfahrt lassen wir unsere Reise nochmal Revue passieren. Wir haben doch so einiges erlebt. Aber ob es wirklich ein Ersatz für eine Kreuzfahrt von Dubai durch das Rote Meer und den Suezkanal bis in die Türkei mit Besuchen in der Felsenstadt Petra und den Pyramiden von Gizeh war, ist doch stark zu bezweifeln. Auf alle Fälle haben wir nicht so viel zugenommen und preiswerter war es auch.

In diesem Sinne: Wo geht die nächste Radtour hin?

Glossar

49€-Ticket

Damit kann man einen Monat lang in ganz Deutschland mit allen Regionalzügen fahren und auch alle Nahverkehrsangebote nutzen. Es wurde im Mai 2023 eingeführt und ist der Nachfolger des erfolgreichen 9€-Tickets für die Monate Juni, Juli und August 2022. Wie lange es dieses Ticket noch geben wird und wie sich der Preis entwickelt, ist zum Zeitpunkt der Entstehung dieses Buches noch völlig unklar.

Weitere detaillierte Infos bei Wikipedia unter 'Deutschlandticket'.

BirdNET-App

Infos unter 'https://www.tu-chemnitz.de/informatik/mi/birdnet.php' (kostenlos bei Google Play und im Apple Store)

Ein Team aus Biologen und Technikern hat eine App entwickelt, um Vögel anhand ihres Gesangs zu identifizieren. Die Bedienung ist einfach und intuitiv: aufnehmen, auswählen, Ergebnis anzeigen. Wer möchte, erhält auch noch Informationen zum Vogel.

booking.com ™

ist ein Teil der Booking Holding Inc. und bietet als digitales Reiseunternehmen eine Plattform zum Suchen und Buchen von Übernachtungsmöglichkeiten weltweit.

Fahrrad-XXL

Ein Fahrradhändlerkette mit derzeit (2024) 16 Stores in Deutschland. Neben Beratung, Indoor-Teststrecken und Simulatoren bieten sie auch professionellen Service rund um das Zweirad.

Geocaching

Als im letzten Jahrtausend das GPS für die Allgemeinheit nutzbar wurde, hat irgendwann jemand eine Büchse Bohnen irgendwo vergraben und die Koordinaten im Internet veröffentlicht. Innerhalb kurzer Zeit wurde diese Büchse anhand dieser Koordinaten gefunden. Dies löste einen Hype aus, der bis heute anhält und immer mehr Anhänger findet. Soweit die, mir bekannte, Legende.

Dazu gibt es die Webseite geocaching.com, auf der man sich kostenfrei anmelden kann. Dort findet man die Koordinaten zu verschiedenen Verstecken, sogenannte 'Caches', weltweit und man kann auch eigene Caches dort veröffentlichen.

Mittlerweile existieren verschiedene Arten von Caches. Ein traditioneller Cache, 'Tradi', ist eigentlich nichts weiter als ein Behälter mit einem sogenannten

Logbuch, in das sich der Finder einträgt und seinen Fund dann bei geocaching.com nochmal online dokumentiert. Wobei dieses 'nichts weiter als ein Behälter' eine verschlossene Plastikdose sein kann, aber auch ein kleines Kunstwerk.

Der Vorteil von Geocaching ist ganz klar, dass man Orte kennenlernt, die man sonst nie zu Gesicht bekommen würde. Und für die, die Kinder/Enkel um sich haben: wenn diese einmal 'Blut geleckt' haben, dann reicht ein Stichwort, um sie aus dem Haus zu bekommen.

Gold Wing

Die Gold Wing ist ein schweres Motorrad des japanischen Herstellers Honda. Aufgrund seiner Größe und Designs wird es oft auch als rollendes Sofa, manchmal sogar als rollendes Wohnzimmer bezeichnet. Und vor allem bei Fahrern und Sozia dieser Motorräder sieht man oft, dass sie Helme mit Mikrofonen tragen, um sich während der Fahrt unterhalten zu können. Wenn schon Luxus, dann richtig.

google.de

Google ™ gehört zur Alphabet Holding Inc. und ist die derzeit führende Suchmaschine im Internet, *google.de* ist der deutsche Ableger

google.com/Maps

Google Maps gehört ebenfalls zur Alphabet Holding Inc. und bietet online Kartenmaterial an. Hier können nicht nur bestimmte geografische Punkte gesucht werden, es können auch Routen erstellt und angezeigt werden, man kann auch nach bestimmten Dienstleistungen oder Gewerbe suchen. Und mit der Funktion Street View kann man sogar auf Straßenebene herunterzoomen und sich die entsprechende Gegend aus der Autoperspektive ansehen.

Ich nutze diese Seite zum Beispiel für die Suche nach Pensionen in einem bestimmten Ort, da auch gleich eine Verlinkung zu der entsprechenden Gastgeber-Webseite angeboten wird. Und schaue mir dann mit Street View an, wie es vor Ort aussieht. Damit habe ich bei der Ankunft schon ein Bild vor dem Auge, nach was ich Ausschau halten muss.

Hepha

Die Hepha GmbH mit Sitz in Maisach bei München entwickelt und montiert E-Bikes für den europäischen Markt.

Unsere Räder sind in der Ausführung Trekking 7 Long Range in schwarz mit 80 Nm-Motor, 708 Wh-Akku und sichtbaren Schweißnähten. Laut Ausstattung sind hier Scheibenbremsen mit Bowdenzug verbaut, wir haben die Bremsen in der Hydraulikausführung erhalten ('Ausstattung wie beschrieben, oder besser'). Die Bestellung erfolgte über das Internet, die Lieferung dauerte eine Woche und erfolgte per Spedition. Die Restmontage war schneller erledigt als das Entfernen aller Verpackungsmaterialien. Einzige Veränderung unsererseits sind die Montage unserer 'eingesessenen' Sättel und meiner Klickpedalen.

Instandhalter

In der DDR habe ich den Beruf des Instandhaltungsmechanikers erlernt. Dazu gehörten neben der Schlosserei auch der Schweißerpass, Schmieden, Kenntnisse und Fertigkeiten in Hydraulik/Pneumatik und eben speziell Wartung und Instandhaltung technischer Geräte.

outdooractive.com

Der Betreiber des Angebots ist laut Impressum der Webseite die Outdooractive AG in Immenstadt.

Das Angebot reicht von Reiseempfehlungen, fertigen Touren für Wanderung, Rad oder Boot, Hinweisen zur Ausrüstung und Expertenempfehlungen bis zur eigenen Planung von Touren bzw. das Anpassen fertiger Touren auf die eigenen Bedürfnisse.

Ich nutze die Website zur einfachen Planung unserer Touren am heimischen PC/Laptop. Hierbei kann man ganz einfach in der Online-Karte die Wegpunkte anklicken, die Punkte verbinden sich, wenn aktiviert, automatisch zu einer kompletten Tour. Dabei wird auch gleich ein Höhenprofil angezeigt. Das Ganze kann man speichern und als GPS-Track downloaden, um sie auf einem externen Navigationsgerät zu nutzen oder in der Handy-App zu öffnen und dort zu starten.

Der Vorteil ist, man kann das Angebot überall nutzen. Zum Beispiel kann man in Deutschland schon Wandertouren für Gran Canaria planen. Und man benötigt noch nicht einmal einen kostenpflichtigen Premiumzugang, auch wenn der bei jedem Start angepriesen wird.

Stornierung unseres Jahresurlaubs auf Grund der geopolitischen Lage

Geplant, gebucht und angezahlt war bereits seit 2022 eine Kreuzfahrt von Dubai durch das Rote Meer und den Suez-Kanal nach Antalya mit Besichtigungen der Felsenstadt Petra in Jordanien und den Pyramiden von Gizeh in Ägypten.

Der Anschlag der Hamas am 7. Oktober 2023 auf ein Festival in Israel, mit vielen Toten und Verschleppten, löste den Gaza-Krieg aus. Dazu kamen Raketenangriffe der islamistischen Huthi-Rebellen in Jemen auf Handelsschiffe, die vom Golf von Aden in das Rote Meer fahren. Diese Rebellen wollen damit die Hamas im Kampf gegen Israel unterstützen. Dementsprechend kam eine Durchfahrt durch dieses Gebiet für ein Kreuzfahrtschiff, mit mehreren tausend Personen an Bord, aus Sicherheitsgründen nicht in Frage. Unvorstellbar, wenn ein solches Schiff mit

Raketen versenkt wird. Aus diesem Grund wurde die Reise seitens des Veranstalters storniert.

Teasi

Das Teasi One wurde als Freizeit-Navigationsgerät entwickelt. Die ursprüngliche Idee kam von der KOMSA AG in Hartmannsdorf bei Chemnitz. Diese Idee wurde mit verschiedenen Partnern umgesetzt. Das Marketing und der Vertrieb verblieb bei der KOMSA. Es wurde sehr beliebt und dementsprechend weiterentwickelt, bis zur Version 4.

Doch auch die Handyentwicklung mit den dazugehörigen Apps ging weiter, so dass der Absatz wohl nicht mehr gegeben war und es in der Partnerkette Insolvenzen gab. Diese Teasi werden nicht mehr vertrieben, es gibt auch keine Updates mehr.

Dieses Gerät kann man sowohl als Navigationsgerät, als Aufzeichnungsgerät oder für beides gleichzeitig nutzen. Auch eine Tachofunktion ist integriert. Die Touren kann man als GPS-Tracks von entsprechenden Anbietern downloaden und auf dem Gerät speichern. Eigene aufgezeichnete Touren wiederum können exportiert und auf der entsprechenden Website veröffentlicht oder einfach nochmal in Google-Earth importiert werden, um sich die aufgezeichnete Tour nochmal auf einer größeren Karte anzusehen.

Ich hatte mir eins der ersten gekauft und bin viele Jahre gut damit gekommen. Egal ob bei Wanderungen, bei Radtouren oder sogar beim Skifahren war es dabei. Entweder als Navi oder gerade beim alpinen Skifahren zur Protokollierung der gefahrenen Strecken. Der große Vorteil gerade bei Radtouren: das Display bleibt an und der Akku hält trotzdem bis zu sechs Stunden durch! Das hat bisher keines meiner Handys geschafft.

Aufgrund eines Defektes habe ich mittlerweile ein zweites, gebrauchtes Gerät im Einsatz und möchte es, vor allem auf dem Rad, nicht missen.

Wie hier im Buch beschrieben, habe ich mir die GPS-Tracks des Saaleradweges von der offiziellen Website geladen, dann nach outdooractive.com exportiert, dort angepasst, gespeichert und als GPS-Track auf mein Teasi exportiert. Wenig Arbeit, große Hilfe.

Bildnachweise

- Titelfoto: Jenny Kunhardt, mit freundlicher Genehmigung
- die Fotos auf folgenden Seiten sind durch uns, Ute und Lutz Kunhardt, während der Reise selbst geschossen worden: 7, 10, 15, 16, 18, 21, 23, 25, 28, 29, 31, 34, 35, 39, 40, 43, 45, 47, 55, 62, 64, 65 und Coverrückseite
- die Kartenbilder auf folgenden Seiten sind Bildschirmfotos mit unseren Tourdaten von outdooractiv.com: 3, 6, 13, 19, 26, 32, ,7, 42, 54 und 61
- folgende Bilder sind von pixabay.com, einer 'Quelle für lizenzfreie Bilder und Videos', mit der Freigabe: Kostenlose Nutzung unter der Pixabay-Inhaltslizenz

Seite	Bildinhalt	Fotograf
37	Jentower	Matt-Ko
42	Naumburger Dom	Makalu
49	Denkmal Georg-Friedrich-Händel	falco
63	Bernburg	FriedrichMaier